한눈에 읽는 외식창업 성공 이야기 [시리즈 2]

한국 외식산업 발전사

김병욱 지음

 킴스정보전략연구소

김 병 욱 소장

킴스정보전략연구소 소장인 김병욱 박사는 소상공인 창업 지원 연구, 개발, 평가, 심사, 위원으로 활동하고 있으며, 삼성그룹사가 작사와 1등을 뛰어넘는 2등 전략과 창업 틈새 전략 외 150여 권의 저서를 발표한 바 있다.

그 밖에 방송·산업체 강의, 평가 등의 활동과 동시 월스트리트저널에 의해 21세기 아시아 차세대 리더에 선임된 바 있는 정보전략가임과 동시 경영컨설턴트이다.

Contents

Contents

Contents

Contents

Contents

I

외식산업 경영과 환경변화

1. 외식산업의 구성요소와 경영형태

1) 외식산업의 구성요소

① 식음료: 가장 중요한 요소로 조립방법, 메뉴개발, 원부자재 사용방법, 건강식·미용식 등의 원료 분류가 필요하다.

② 인적 서비스: 점포 자체가 보유한 독립적 서비스와 음식제공에 부수되어 제공되는 부대 서비스로 구분하는데 접객 서비스는 업체가 제공하는 서비스가 고객 개인에게 직접적으로 만족감을 느끼게 하는 것과 여흥서비스의 단체에게 쇼·음악 등을 제공해서 집단만족을 돕는 것으로 나눈다.

③ 물적 서비스 : 시설과 공간에 의한 서비스로 구분하고, 공간의 테마와 기능성·동선·규모 등이 복합적으로 조화를 이루어야 하며, 시설요소는 업장의 홀·주방·인테리어 등으로 고객만족을 도출해내야 한다.

④ 편리성 : 고객이 원하는 시점에 기준하여 입지·영업시간·요금정산방법 등이 중요요소이다. 접근성의 경우 외식업의 중요요인으로 상품 자체보다 더 큰 영향을 미친다.

⑤ 가격 : 가격전략은 업장의 이용률에 의한 가격결정, 연간 목표

이익에 의한 가격결정, 소비자의 구매력에 의한 가격결정, 경쟁업체의 가격에 의한 결정, 비용가산에 의한 가격결정 등 다양한 방법을 통해 책정할 수 있다.

〈표 1-1〉 외식산업의 구성요소

외식산업의 구성요소				
가격	식음료	인적서비스	물적서비스	편리성

2) 외식산업의 경영형태

① 직영운영형태: 직영운영형태(self operated management)는 소유건물이나 임차한 건물 또는 임차한 토지에 외식기업 또는 개인자금으로 필요한 시설 또는 건물을 갖추어 직접 운영하는 방식이다.

② 위탁운영 형태: 개인소유주는 외식점포경영에 필요한 토지·건물·시설·집기·운영자금 등을 제공하고, 위탁경영기업은 외식점포경영에 필요한 모든 권한을 위임받아 경영한다. 개인 소유주는 경영의 노하우와 기존 시스템의 활용 및 경험이 많은 직원들에 의한 운

영으로 안정성을 이룰 수는 있으나 위탁경영비용의 부담을 안고 있다.

〈표 1-2〉 외식기업 경영형태의 장·단점

방법 구분	초기투자	경험도	사업운영 책임도	실패율	재정 위험도	보상
직영	높다	높다	높다	높다	높다	높다
가맹	보통 이하	최저	보통	보통	보통	보통 이상
인수	보통	높다	높다	높다	높다	높다
위탁	없음	보통 이상	보통	보통	보통	보통 이하

③ 가맹 운영 형태: 가맹 운영 형태인 프랜차이즈(franchise)는 외식기업이 점포망을 확대함에 있어 다점포체계로 널리 활용되고 있는 운영형태이다. 공정거래위원회에서는 가맹사업자(franchisor)와 가맹계약자(franchisee)를 다음과 같이 정의하고 있다. 가맹사업자는 가맹계약자에게 상호·상표·서비스표·휘장 등을 사용하여 동일한 이미지로 상품판매의 영업활동을 하도록 허용하고 그 영업을 위하여 교육·지원·통제를 하며, 이에 대한 대가로 가입비·정기납입경비 등을 수령하는 사람을 말한다. 가맹계약자는 가맹사업자의 상호·상표·서비스표·휘장 등을 사용하여 동일한 이미지의 상품판매 영업활동을 하도록 허용 받고 그 영업을 위하여 교육·지원·통세를 받으며, 이에 대한 대가로 가입비·정기납입경비 등을 지급하는 자를 말한다.

〈표 1-3〉 업종별 분류

외 식 산 업	음식중심	일반음식점	일반음식점	한식점
				일식점
				양식점
				중식점
				기타
			특수음식점	열차식당
				항공기내식당
				기내사업
				선박 내 식당
			숙박시설 내 음식점	호텔 내 식당
				리조트,콘도,여관 내 식당(1970년 이전)
		단체음식	학교	초,중,고,대학
			기업	구내식당
			군대방위시설	군대
				전투경찰
				경찰
				교도소
			병원	구내식당
			사회복지시설	연수원
				양로원
				고아원
	음료중심		찻집,술집	커피전문점
				호프집
				술집(대중유흥업소)
			요정,바	요정
				바
				카바레
				나이트클럽, club

2. 외식산업의 특징과 성장원인

1) 경영측면에서의 특성

인적 서비스 산업으로 외식업은 생산부분 자동화의 한계로 인해 다른 서비스산업보다도 인적 의존성이 강한 편이다. 실제로 현재까지도 외식산업에 있어서 서비스는 상품의 가치를 결정짓는 중요한 요소가 된다.

점포의 입지의존성이 타 산업에 비하여 높은 특성으로 외식업체는 음식을 생산하는 곳이기도 하지만 판매하는 곳이기도 하므로 고객이 외식업체에 쉽게 접근 할 수 있는 위치의 접근성은 바로 고객을 유인하고 타 업체와 경쟁할 수 있는 가장 근본적인 수단이 된다.

종사원의 만족이 중요한 사업으로 외식업은 고객과 생산자의 인적 접촉과 서비스 접점이 가장 높은 서비스 영역에 속하므로 직접 고객을 대하고 고객을 만족시키기 위해서는 먼저 종사원을 만족시켜야 한다.

노동집약적 산업으로 서비스 산업에서도 노동을 대체할 수 있는 기계화된 자본설비를 사용하고 있다. 그러나 종사원의 적정배치나 배달(캐더링) 문제 때문에 생산부분에 비해 노동집약적인 산업이다.

2) 생산측면에서의 특성

생산과 판매의 동시성으로 일반제조업과는 달리 외식사업의 상품, 즉 메뉴는 현장에서 생산과 판매가 동시에 이루어진다. 즉 고객의 주문에 의하여 상품이 만들어지고, 그 즉시 판매되는 특성을 가지고 있다. 메뉴는 일정한 시간이 지나면 상품의 맛과 질이 떨어지고 상품의 가치를 떨어뜨리는 요인이 되므로 순간의 시간이 매우 중요한 요인이 된다.

주문생산의 원칙은 일반상품의 생산은 일정한 규격과 표준에 의하여 대량생산을 하지만, 외식산업의 경우 식당내의 현장에서 고객의 주문에 의하여 상품, 즉 요리가 생산되고, 그 즉시 판매된다.

수요예측의 곤란으로 소비자인 고객이 직접 식당을 찾아와서 상품을 주문하여야 생산이 이루어지기 때문에 계절·지역·날씨·고객층별로 식사의 수요가 항시 변할 가능성이 매우 높아서 식당을 찾는 고객의 수를 예측하여 식재료를 구입하거나 상품을 제조할 수 없다.

다품종·소량생산으로 일부 음식점에서는 메뉴 수를 한정하여 저가격으로 빠른 서비스에 의해 운영되는 시스템을 채택하는 업종·업태가 없는 것도 아니지만, 대부분의 음식점에서는 다양한 고객의 기호에 대응하기 위해 여러 종류의 메뉴를 준비하는 경향이 강하다.

인적 서비스에 대한 높은 의존도로 외식산업은 기계적으로 이루어지는 부분은 극히 일부분에 의존할 뿐 인적자원을 투여하지 않고는 생산이 불가능한 사업으로 타 산업에 비하여 각종 생산 및 판매가 인적으로 이루어지는 부분이 높다.

<표 1-4> 외식산업의 서비스 특징

분류	특징
경영적 측면	• 노동집약성 산업과 자본 집약성 산업의 비중 • 생산과 유통의 동시성 • 프랜차이즈 업태 • 기업화 및 대기업의 진출 • 품질 관리의 표준화 • 입지성에 크게 의존 • 장기적 경영계획 수립의 어려움
재무적 측면	• 원가비율이 낮다 • 과다한 인건비가 소요 된다 • 인테리어 등의 장치, 설비가 많이 소요되는 업태의 경우 감가상각이 높다 • 점포의 관리, 유지비가 높다 • 현금 유동성이 크다
생산적 측면	• 생산, 소비, 유통의 동시성 • 장, 단기 수요 예측 곤란 • 생산의 표준화, 시스템화, 규격화 곤란 • 위생관리, 청결성 • 안전관리 (식품 건강, 위해요소) • 환경문제 (오염물, 음식 식재료 처리)

3) 소비측면에서의 특성

가정대용식 시대로 핵가족과 여성들의 사회진출기회가 늘어남에 따라 일반가정에서도 도시락 차원을 넘어서 집에서 먹는 음식과 동일한 식단으로 구성된 음식을 만드는 식당도 예견된다.

기능성 시대이므로 현대인들의 가장 큰 관심거리는 건강. 외식업소들도 건강을 화두로 새로운 업소들이 속속 등장하고 있다.

고가이면서도 우수한 품질과 맛으로 승부하는 기능성 음식전문점은 건강에 좋은 음식을 골라먹는 식생활에서 부족한 영양소를 첨가해 균형된 영양을 공급하는 새로운 장르로 부상하고 있다.

전통적, 복고적인 신토불이 상품 증가로 전통적이고 복고적인 신토불이 상품이 증가되고 있다. 그러므로 과거 지향적이고 복고풍적인 메뉴가 등장하여 향토적인 메뉴가 인기를 모으고 있다.

단체급식의 선호도 상승하면서 단체급식의 선호도가 높아지고 있다. 소득의 상대적 감소, 복리후생의 증진 등 외부 위탁경영의 비율이 급속히 확대되고 있다.

4) 산업측면에서의 특징

(1) 사회적 요인

사회적 요인으로는 여성과 편모로 인한 택배음식, 간편식 선호, 대량생산, 대량판매, 생활관, 가치관의 변화, 신세대 출현, 레저패턴의 다양화, 가정의 개념 변화, Wellbeing에 대한 건강욕구 증대를 들 수 있다.

(2) 경제적 요인

경제적 요인으로는 가처분 소득의 증가, 노동시간 감소로 인한 여가시간의 증가, 국제화·세계화로 인한 시장 개방으로 외국 레스토랑의 국내 진출을 들 수 있다.

(3) 문화적 요인

문화적 요인으로는 고객의 욕구 변화, 식생활 패턴의 변화, 전통식품 상품화, 사회구성원 가치관 변화, 신세대와 x세대 비율증가, 노령인구 증가, 외식산업 종사자의 직업의식 변화, 식당 이미지의 전환을 들 수 있다.

(4) 기술적 요인

기술적 요인으로는 주방기기의 다양화, 현대화 및 과학화, 스마트폰 어플의 발달로 외식산업의 현대화, 외국 유명브랜드 도입, 멀티시스템, 프랜차이즈 시스템 발달을 들 수 있다. 이와 같은 요인을 고려하여 외식산업은 미래의 유망사업으로 성장, 촉진될 것이며 사회, 경제, 문화, 기술 간의 환경변화에 따른 복합 사업으로 기대를 갖게 된다. 우리나라 외식산업 발전의 주된 계기는 1986년 아시안게임, 1988년 서울올림픽, 1992년 대전엑스포, 1994년 한국방문의 해, 1996년 동계 유니버시아드대회, 그리고 2002년 월드컵, 2018년 평창동계올림픽 등이 있다. 하지만 외식문화의 소비자층의 욕구가 다양해짐에 따라 폐업과 브랜드변경 및 기업 간의 업종변경 등으로 외식산업은 매우 빠르게 변화되어가고 있으며 지금도 폐업과 개업을 반복해 나가고 있다.

3. 외식산업의 환경변화와 트렌드

1) 외식산업의 환경변화

국내 외식산업은 2018년 기준 GDP 3만 달러 시대에 사회참여율이 높은 핵가족시대의 사회경제적 환경과 더불어, 최근 몇 년간의 웰빙 트렌드 확산에 의한 삶의 질 중시풍토에 의해 저성장 경기에도 불구하고 꾸준히 성장하고 있다.

<표 1-5> 국내 외식산업의 환경변화

인구구조의 변화	라이프스타일의 변화
핵가족, 소가족화 실버세대의 증가 맞벌이부부의 증가 여성의 사회진출 지속적 증가 가사노동의 절감	국민소득 향상 고급화·브랜드화 지향 간편화 경향 강화 웰빙 트렌드의 대중화 주 5일근무제 안전·안심 건강지향 트렌드
경쟁환경의 변화	유통환경의 변화
가격의 양극화 가격파괴 경쟁 기업형 패밀리 레스토랑의 정체 다양한 업종, 업태의 출현 CRM의 중요성 부각 고정고객의 정착화 노력	HMR시장 확대 POS 시스템 활성화 물류·유통비 절감, 노하우

(1) 인구구조의 변화

1인가구의 증가, 여성 사회참여의 증가, 맞벌이가정 등에 의해 내식은 점차 감소하고 있으며, 외식횟수는 증가추세에 있다. 이에 따라 가정대용식 및 식사대용의 간편식을 중심으로 한 외식시장이 더욱 발달하고 있다.

〈표 1-6〉 인구구조의 변화

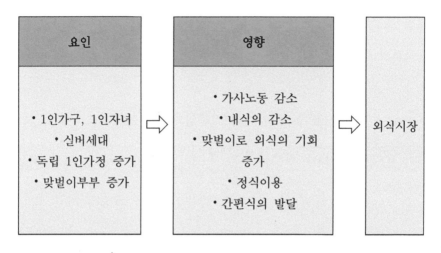

요인	영향	
• 1인가구, 1인자녀 • 실버세대 • 독립 1인가정 증가 • 맞벌이부부 증가	• 가사노동 감소 • 내식의 감소 • 맞벌이로 외식의 기회 증가 • 정식이용 • 간편식의 발달	외식시장

(2) 라이프스타일의 변화

저성장경기에 의한 장기불황이 지속되고 있지만, 국민소득이 향상하고 웰빙 트렌드가 대중화됨에 따라 삶의 질을 높이는 가치중심의 식생활문화가 조성되고 있다. 현재의 식생활은 여가·문화생활로서의 역할과 건강을 가꾸는 가치로 진보되었다. 사회가 발전하고 경제적으로 안정이 되면서 여가에 대한 요구가 강해짐에 따라 노동시간이 감소되고 있으며, 주 5일근무제는 여가시간에 증가를 가속화시키고 있다. 주 5일근무제로 인해 가족 간의 유대 강화, 레크리에이션의 증가, 체험형 소비의 일반화, 이중직업, 야외활동 증가, 마니아층의 형성 등과 같은 새로운 트렌드가 나타나면서 외식산업에도 영향을 미치고 있다. 주 5일근무제 도입으로 인해 외식을 하는 가족고객이 증가하고 있고, 주중에 더욱 바쁜 시간을 보내게 된 직장인들은 점심식사는 사내 레스토랑이나 간편한 음식으로 해결하고, 저녁식사모임은 월요일부터 목요일까지로 하는 등 식사 패턴이 변화하고 있다. 사무실 밀집지역의 음식점들은 토요일 고객이 감소하면서 매출실적이 하락하는 현상을 보이고 있다. 또한 외식을 식사해결수단이 아닌 여가활동의 수단으로 이용하려는 경향이 높아짐에 따라 여유로워진 주말에 도심과는 다른 자연환경과 색다른 경험을 제공하는 교외지역의 음식점을 찾는 고객이 많아지고 있다. 즉 주 5일근무제의 영향으로 가족 간의 유대강화, 레크리에이션의 증가, 체험소비의 일반화, 직업의 겸직화, 야외활동 증가, 마니아층의 형성이 증가하였다.

<표 1-7> 라이프스타일의 변화

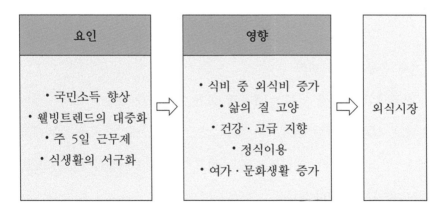

요인		영향		
· 국민소득 향상 · 웰빙트렌드의 대중화 · 주 5일 근무제 · 식생활의 서구화	⇒	· 식비 중 외식비 증가 · 삶의 질 고양 · 건강 · 고급 지향 · 정식이용 · 여가 · 문화생활 증가	⇒	외식시장

(3) 경쟁환경의 변화

경쟁과열로 인한 기업형 패밀리 레스토랑의 정체 가운데 포화된 시장을 피해 새로운 니즈를 포착한 다각도의 업태가 출현하면서 한 가지의 전문성을 강조하는 카테고리 킬러형 시장이 활성화되고 있다.

〈표 1-8〉 경쟁환경의 변화

요인	영향	
• 가격의 양극화 • 가격파괴 경쟁 기업형 패밀리 • 레스토랑의 정체	• 핵심역량 다양화 • 다양한 업태 출현 • PO별 니즈시장 포착 • CRM 중요성 대두	외식시장

(4) 유통환경의 변화

전국 1일 생활권 안에서 효율적 물류 시스템과 수출입 유통행태의 발달로 인해 신선한 원재료의 빠른 공급이 가능해짐으로서 소비자들에게 인스턴트식의 메리트는 감소하고 자연식·건강식의 선호도는 더욱 증가하고 있다.

외식이 증가함에 따라 외부에서 섭취하는 음식의 위생 및 안전성
이 심각한 사회문제로 대두되면서 식중독사고 예방을 위한 선진화된
위생관리 시스템이 도입되고 있고, 이에 식품위해 요소 중점관리기
준체계는 현재 적용업소 지정제도로 시행되고 있으나 중·소 외식기
업이 도입하기에는 시간·비용·전문인력 부재 등의 어려움이 있어
보다 쉽게 적용할 수 있는 방안이 요구된다.

〈표 1-9〉 유통환경의 변화

요인	영향	

• 식품위생 파동
• 환경·식품 관심
  대두
• 물류·유통
  시스템의 발달
	• 유기농식품의 관심 고조
	• 유기농 전문업태 출현
	• 유기농농수산물의
	  수입 급증
		외식시장

2) 외식산업의 주요 트렌드

거시적 환경변화에 의한 영향과 해외 선진화경향의 전파로 인해
국내·외 외식시장은 빠른 진보화를 이루고 있다. 이에 현재의 외식

트렌드는 소비자의 서구화된 라이프스타일과 건강을 비롯한 삶의 질적 향상이 반영되고 있다.

특히 이들 트렌드의 변화를 주도하는 주요 요인을 보면 복합적인 편익을 선호하는 소비자들의 다양한 욕구로 인해 그만큼 음식에 대한 관심이 증가하고 외식의 급성장에 따른 경쟁적인 신메뉴의 출시로 기호가 높아지고 까다로워졌음을 시사한다. 이로 인해 가격은 낮으면서 품질은 높게 요구하는 속성에 맞추어야 하는 것이다.

<표 1-10> 외식시장의 주요 트렌드

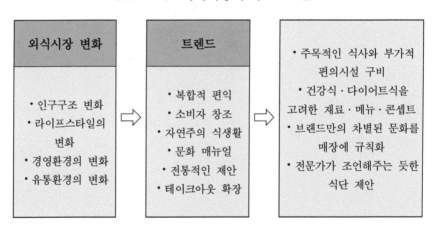

외식시장 변화	트렌드	
• 인구구조 변화 • 라이프스타일의 변화 • 경영환경의 변화 • 유통환경의 변화	• 복합적 편익 • 소비자 창조 • 자연주의 식생활 • 문화 매뉴얼 • 전통적인 제안 • 테이크아웃 확장	• 주목적인 식사와 부가적 편의시설 구비 • 건강식·다이어트식을 고려한 재료·메뉴·콘셉트 • 브랜드만의 차별된 문화를 매장에 규칙화 • 전문가가 조언해주는 듯한 식단 제안

4. 외식산업의 메뉴 변화와 특징

1) 1990년대 초반 외식 메뉴의 특징

IMF·경기침체·불황 이전의 가장 큰 경쟁력은 '가격'이었다. 프랜차이즈와 외식업계에서는 IMF 메뉴를 개발해 3000원~5000원의 파격적인 가격을 선보이기도 했다. 가격인하뿐 아니라 원가절감을 위한 아이디어도 배출했다. 인력 또한 대폭 축소하고, 조직 통폐합방식으로 감량경영을 과감히 실시했다.

피자업계에서도 '저가'로 승부수를 띄웠다. 미스터피자·레드핀 등은 1만원 이하의 메뉴를 선보여 영업의 활로를 모색했었다. 당시 불황속 나름의 호황을 누렸던 것은 패스트푸드업계이다. 위기를 기회삼아 개발된 사이드 메뉴는 가격이 저렴해 부담 없는 주문을 유도해 객단가를 높여 매출향상에 기여했었고, 이러한 인기에 힘입어 치킨전문점에서도 햄버거매출이 활기를 띄어 KFC·파파이스 등은 IMF 이후 매출이 50%나 증가세를 보였다.

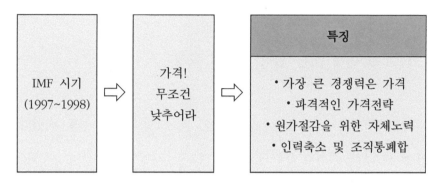

2) 1990년대 후반 외식 메뉴의 특징

어느 시대를 아우르건 간에 차별화는 업체의 중요한 생존 덕목이다. 1999년 외식업계는 고객충성도를 높이기 위한 각종 패밀리카드를 만들어냈고, 이를 통해 할인혜택이나 포인트를 주는 것이 기본이다. 특히 2002년의 서비스 특화전쟁은 치열한 경쟁의 한 단면을 보여준다. TGI프라이데이스가 고객과 눈높이를 맞춘다는 '퍼피독 서비스 시스템'을 강화한 것이 대표적이다. 당시 외식업은 일반적인 판매업종과 달리 불경기가 지속되더라도 맛과 서비스에서 차별화를 두면 가격에 크게 얽매이지 않아도 승부를 걸어 볼만 했다. 또한 지금 '블루오션'이라는 용어로 더 유명한 틈새시장전략이 성행한 것도 이때부터라고 할 수 있다.

〈표 1-12〉 1990년대 말 외식 메뉴의 특징

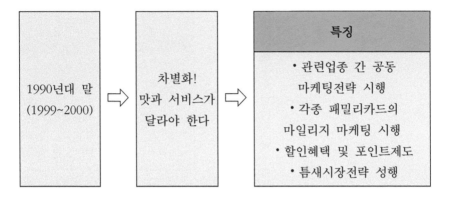

1990년대 말 (1999~2000)	→	차별화! 맛과 서비스가 달라야 한다	→	**특징**
				• 관련업종 간 공동 마케팅전략 시행 • 각종 패밀리카드의 마일리지 마케팅 시행 • 할인혜택 및 포인트제도 • 틈새시장전략 성행

3) 2000년대 초반 외식 메뉴의 특징

"먹을 수 있는 모든 것은 테이크아웃 된다." 스타벅스 커피전문점에서 불기 시작한 테이크아웃 바람의 강도가 거세지자 패스트푸드점·한식집·중국음식점 등 외식업계로 파급되었다.

당시 테이크아웃 문화를 선동한 것은 1999년 한국에 상륙한 스타벅스의 주요 전략이었다. 한국에 상륙한지 3년 여 만에 폭발적인 성장을 거듭하면서 테이크아웃 문화의 중심축이 되었다는 평가를 받고 있다. 이 시기 테이크아웃 콘셉트는 서구식 자유주의와 편리함 및 고급스러움 등을 추구하는 젊은 고객의 취향과 맞아 떨어지면서 일종의 문화코드로 부상했다.

<table>
<tr><td>〈표 1-13〉 2000년대 초반 외식 메뉴의 특징</td></tr>
</table>

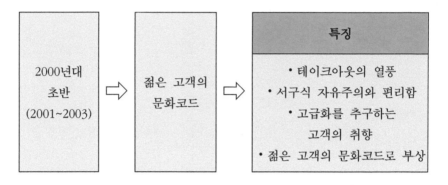

〈표 1-13〉 2000년대 초반 외식 메뉴의 특징

2000년대 초반 (2001~2003)	⇨	젊은 고객의 문화코드	⇨	특징
				· 테이크아웃의 열풍 · 서구식 자유주의와 편리함 · 고급화를 추구하는 고객의 취향 · 젊은 고객의 문화코드로 부상

4) 2010년대 중반 외식 메뉴의 특징

2000년경 태동을 보이던 웰빙 코드는 2010년 먹거리에서 그 의미를 더해 의·식·주 전반에서 빼놓을 수 없는 문화가 되었다. 소비심리가 호전될 기미를 보이진 않았지만 웰빙상품에 대한 소비자들의 욕구만은 사그라질 줄 몰랐다.

업체들마다 웰빙상품과 서비스를 쏟아내기에 여념이 없었다. 외식업계는 푸드 퀄리티를 높이는 방향으로 웰빙 트렌드에 부합시켜 시장성장의 촉매제로 유용하게 활용하였다. 아웃백스테이크하우스는 2000년대비 40% 가까이 매출이 증가했고, 빕스는 2000년보다 두 배가량 많은 1,300억 원, 베니건스는 1,000억 원선의 매출을 달성하기도 했다.

〈표 1-14〉 2000년대 중반 외식 메뉴의 특징

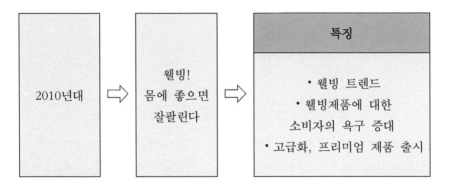

2010년대	⇨	웰빙! 몸에 좋으면 잘팔린다	⇨	특징
				• 웰빙 트렌드 • 웰빙제품에 대한 소비자의 욕구 증대 • 고급화, 프리미엄 제품 출시

5) 2010년대 후반 외식 메뉴의 특징

기존에 '밥은 밥집에서, 술은 술집에서'라는 관념을 깨트리며 한 장소에서 식사부터 주류 및 엔터테인먼트까지 해결하는 원스톱 서비스업체들이 각광받았다. 선두업체로는 퓨전요리점을 지향하는 청담 안(安)을 비롯해 레비스, 기린비어 페스타 등이며, 쪼끼쪼끼 · 와바 등도 변화를 모색했다.

'와바'의 경우 1차로 저녁을 먹고 2차로 찾는 고객이 대다수이다. 그러나 1차 · 2차를 한 곳에서 해결하는 이들이 많다는 점에 착안해 이들을 끌어들이기 위해 그릴요가를 추가하는 등 식사 및 안주 요리를 대폭 보강하는 방법으로 사업전략을 수정하여 운영했다. 식주(食酒) 공간형성을 선도하고 있는 대표적인 업소 중의 하나인 태창가족은 2006년형 쪼끼쪼끼를 선보이며 고객들이 생맥주와 외식을 동시에 해결할 수 있는 복합외식 공간 콘셉트를 새로 선보이면서 후반기 돌풍을 일으키기도 했다.

<표 1-15> 2010년대 후반 외식 메뉴의 특징

2010년대 후반 (2011~현재)	⇨	복합형 외식매장	⇨	특징
				• 외식의 원스톱 서비스 전략 • 복합외식공간 콘셉트 • 멀티형 사업전략

5. 소비 및 외식행태의 변화

1) 소비행태의 변화

고도화 · 과학화 · 정보화사회에서의 가치관의 변화는 하드웨어사회 (hardware society)를 소프트웨어사회(software society)로 전환시키게 된다. 이것은 여가시간의 증대, 여성의 사회진출, 직업과 고용의 전문화·세분화·고령화 등 사회경제적인 변화를 더욱 진전시킴으로써 남성에서 여성으로, 물체재화에서 정보재화로, 물질에서 서비스로 등 문화와 레저의 유희적 기능이 중시되는 소비행태의 변화를 가져오게 되었다. 소비자행동에 있어서도 고객가치·고객만족·고객감동 체제를 가속화시켰다. 즉 사회경제가 더욱더 세분화·다양화되어 가면서 단일 상품이나 메뉴가 아니라 다양한 상품이나 메뉴를 조화시켜 라이프스타일을 창출하고 능동적이면서 창조적인 소비행태로 변화되어 간 것이다.

2) 외식행태의 변화

식생활문화의 변화는 외식행태의 변화를 가져오게 되는데 소비자의 외식행태가 개성과 취향, 그리고 감성에 따라 다양한 형태로 전문화·세분화되어 갔다. 특히 사회경제적 변화를 토대로 한 X세대, Y세대, N세대, 미시(missy)족, 뉴패밀리(new family)족, 실버세대(silver age), 그린세대(green age)등 신조어의 유행적 탄생 등 신개념 중심의 외식시장이 세분화되면서 외식행태의 변화가 새로운 유형으로 출현한 것이다.

소비자들은 메뉴품목을 선택하거나 음식을 소비하기 전에 소비자들은 여러 가지 다양한 영향을 받는다. 즉 한 개인이 가지는 식습관은 한 순간에 형성되어지는 것이 아니라 개인이 속한 사회 또는 문화 또는 그 외에 여러 가지 원천에 의해, 그리고 지각과 경험을 바탕으로 이루어진다. 식습관과 그것에 대한 수용태도는 학습되고 습득되어 자신의 한 부분이 되는 것이다. 식습관과 수용은 개인의 자아표현이며, 이것은 점차 특정음식을 선호하게 하는 태도를 형성하게 한다. 특정 음식을 선호하는 데는 여러 가지 이유가 있고, 다양한 요인들이 개인에게 복합적인 영향을 미친다.

II

외식산업의 성장발전과 변천

1. 외식산업의 발전과 변천

1) 1800년 ~ 1960년

조선 후기 장터를 중심으로 상인과 장꾼들에게 저렴한 음식을 공급하던 '주막'이 존재하기는 하였으나 농사를 주업으로 하는 일반 농민들에게 외식의 개념은 전무하던 시대였다. 반면, 상류층-서양 문물을 받아들이고, 일본에서 유학을 하고, 신교육을 받고, 일제와 손을 잡고 살아가는 친일파를 위한 식당인 고급 요리집들이 문전성시를 이루기도 했다. 개화기와 일제시기를 거치면서 나타난 외식 문화의 변화는 바로 양극화였다. 즉, 한국식과 서양식, 그리고 저급과 고급의 이중 구조를 말한다. 외국인들이 모이는 사교장이 생기고 외국인들을 위한 일식, 양식 음식점과 중식 음식점들의 등장이다.

즉 개항기(1800년대)~일제 강점기(1900년대 초)까지의 음식점으로, 1879년 차츰 숙박업과 식당업으로 점차 양분화하기 시작하였고, 1902년에는 정동에 문을 연 손탁 호텔은 호텔 1층에 최초의 양식당이 만들어졌다(우리나라 최초의 양식당). 1914년 조선호텔은 가장 호화로운 서양식 건물로 한식당, 양식당, 커피숍, 여성전용 식당이 별도로 있었으며 이때 아이스크림이 처음 선보여진 시기다.

또한 1925년 철도식당이 서울역 구내의 양식당으로 문을 열게 되면서 동시에 조선호텔에 의해 열차식당이 운영되었다. 1930년 종로 네거리에 '이문설렁탕', '부벽루', '옥루장', '태창옥' 등 유명한 업소 등장과 그밖에 유명한 음식점으로는 추어탕 전문점인 '용금옥' 과 '곰보추어탕', 해장국 골목의 시조를 이룬 '청진옥' 등이 개점하였다. '이문설렁탕' 개업 연도는 1907년으로 알려져 있으나 1902년이라는 설도 있다. 현재도 개업 당시 사용하던 가마솥을 그대로 쓰고 있을 정도로 전통을 주장하는 이문설렁탕은 한국 최고의 식당이었다.

1936년 반도호텔의 '양식부', '천대전 그릴(현 롯데호텔 자리)', 제일은행 뒤의 '마아구장', '청목당' 등 대부분 일본인들에 의해 운영되었으나 해방 후 거의 문을 닫았다. 1940년엔 40년대 갈비집인 '조선옥' 이 개점하였다. 당시 일식점은 일본인들이 경영주였는데 '새마을' 과 '이학' 이 있었다.

1945년까지 음식점의 수는 약 166개로 추정된다. '이문설렁탕 (1907)', '용금옥(1930)', '한일관(1934)' 등 설렁탕, 해장국이 주류인 전통 음식점이 중심이었으며 1945년 해방과 1950년 6·25전쟁이 일어난 한반도는 혼돈의 시대로 식량 부족과 빈곤으로 식문화의 침체가 심했다.

1960년대 GNP 100$~210$의 한국은 식생활의 궁핍과 침체로 외식산업은 본격적으로 나타나지 못했지만, 미국 원조품의 영향으로 밀가루 분식 장려 운동과 서구식 식생활인 제과·제빵·과자·국수 등의 업소들이 출현하였다. 이때 짜장면이 가장 일반적이고 대중적인 음식으로 대두되었고 영세한 음식점 및 노점상들이 대거 출현했던 시기로 이를 년대별로 보다 세분화 시켜보면 다음과 같다.

(1) 1960년대

1950년대 후반부터 시작된 영양개선 운동으로 밀가루 예찬론, 혼분식 장려운동, 유휴산간지 개간, 양곡수급계획발표 등의 먹고 살기 위한 총력전이 펼쳐졌으며 대량으로 먹게 된 밀가루 음식은 주로 쌀과 보리에 의존했던 밥상을 크게 바꾸어 놓았다. 빵, 국수와 같은 밀가루 음식이 밥상 한 귀퉁이를 차지하게 된 것이다.

즉 1964년 오늘날 맥주전문점의 효시인 비어홀의 탄생과 1966년 코카콜라의 국내 상륙 및 1968년 뉴욕제과를 시작으로 1945년 고려당, 1952년 독일빵집, 1968년 뉴욕제과 등 제과점이 대거 들어섰다.

(2) 외식산업의 태동기(1970년대)

1970년대에는 경제 발전과 핵가족화로 인한 식생활 수준이 향상되어 구조적인 변화가 일어나기 시작하였다. 밀가루 중심으로 육가공 · 유가공 · 과채류가공으로 발전되면서 소비 패턴이 다양화, 고급화, 영양가, 맛의 추구는 외식산업이 태동하는 촉매 역할을 하였다.

소규모 영세한 외식업소가 대부분이던 상황에서 1971년 '신포우리만두' 와 1975년 '림스치킨' 이 시스템을 갖춘 프랜차이즈는 아니지만 국내 브랜드로는 처음으로 다점포화를 시도하였다. 1979년에는 지금의 대학로 샘터빌딩에서 '난다랑' 이 오픈되어 고급 커피 전문점을 시도하였고, 현대적 의미에서 시스템화 된 프랜차이즈는 그 해 10월 소공동에 오픈한 '롯데리아' 1호점이 들어서면서 외식산업의 태동기를 맞게 되었다.

이 당시는 입맛의 서구화가 시작된 시기로 일본 롯데리아와 합작한 국내 롯데리아가 개점한 이후 현대적인 의미의 프랜차이즈 시스템이 구축되었다. 그리고 1977년 전자레인지, 마요네즈, 케첩, 생수, 자판기, 생맥주, 햄버거 하우스 등이 최초 등장하였고 1979년 7월 국내 프랜차이즈 1호점인 지금의 대학로 샘터빌딩에서 '난다랑' 이 오픈하여 국내 외식업계 일대 변혁과 동시 1979년 10월 롯데리아 1호점이 소공동에 들어섬으로써 서구식 외식시스템의 시발점이 되었다.

(3) 해외 브랜드 패스트푸드 외식산업의 등장(1980년대)

1980년대에는 경제발전에 따라 소득이 증대하면서 음식에 대한 가치관과 국민의 의식 구조는 물질 충족의 단계에서 질적인 생활수준 향상으로 변화하였다. 기존의 요식업·식당업의 명칭 대신 외식산업이라는 용어로 바뀌면서 다양한 업종과 업태 출현이 가속화되었으며, 외식산업이 태동하는 사회적 분위기가 조성되었다.

1984년 외자도입법이 개정되면서 다양한 해외 브랜드가 도입되었는데, 대부분 미국의 패스트푸드가 대거 국내시장에 진출하였다. '버거킹'이 그해 국내 기업과 제휴하여 진출한 것을 시작으로 'KFC', '웬디스', '피자헛', '맥도날드', '도미노피자' 등이 진출하였다. 또한 아이스크림 전문점인 '베스킨 라빈스'와 일본 커피 전문점인 '도토루'도 이 시기에 국내에 등장하였다. 패스트푸드는 신속함과 효율성을 권하는 현대인에게 가장 적합한 음식으로 자리잡고 있으며 유행을 선도하는 젊은이들에게 최고의 문화코드가 되었다.

해외 패스트푸드 브랜드의 인기 속에서 1987년에 국내 토종 브랜드인 '놀부'가 개점하였다. 그 외에 다림방(1982), 장터국수(1984), 신라명과(1984), 파리바게뜨(1988), 자뎅(1989) 등과 같은 중소 국내 브랜드들이 등장하였다. 최초의 패밀리레스토랑인 '코코스'가 올림픽이 개최된 해인 1988년에 일본으로부터 도입되었다. 코코스의 등장은 외식산업을 대중에게 알리는 계기가 되었으며 외식활동을 문화생활로 정착시키는데 큰 역할을 하였다.

이 당시는 우리나라 외식산업의 전환기이다. 개인소득과 생활의 향상으로 육류섭취량이 큰 폭으로 뛰어 대형 갈비집들이 많이 늘어났으며 해외 프랜차이즈의 대거 국내 진출로 국내 자생브랜드가 생겨났으나 사후관리 등의 부작용도 적지 않았다.

특히 지방 향토 음식들도 서울로 진출 하였는데 국내 대기업과 호텔들도 외식산업에 진출하였다. 1981년 외국 유명 체인호텔과 외국계 패스트푸드점 대거 한국에의 상륙과 1986년 부산 아시안게임, 1988년 서울올림픽 개최와 함께 피자이느 코코스, 나이스데이가 국내 진출 및 크라운베이커리, 놀부보쌈 등이 개점하고 1982~1986년 맥도날드, 베스킨라빈스, KFC, 피자헛, 웬디스 등이 국내 진출하였으며 1980년대 후반 놀부, 송가네, 초막집 등 한국 고유 음식인 보쌈, 족발 등의 메뉴를 시스템화하여 체인화 하였다.

(4) 패밀리레스토랑의 성장과 퓨전음식의 등장(1990년대)

1990년대는 외식산업의 본격적인 진출기라고 말할 수 있다. 국민소득이 꾸준하게 높아지고 여가 생활이 늘어나면서 가족단위로 외식을 즐기는 국민들이 늘어나게 되었다. 이러한 변화는 외식시장의 규모가 커지고 다양한 업태의 외식산업이 증가하면서 질적으로 성장하고 발전하는 밑거름이 되었다.

1992년에 패밀리레스토랑의 대명사인 'TGI프라이데이스'가 진출하면서 패밀리레스토랑에 대한 관심이 고조되었다. 특히 TGI프라이데이스는 호텔레스토랑 수준의 맛과 서비스 및 독특한 분위기로 외식산업시장에 일대 혁신을 일으켰다.

TGI프라이데이스 이후 씨즐러(1995), 베니건스(1995), 토니로마스(1995), 마르쉐(1996), 아웃백 스테이크 하우스(1997) 등이 진출하였다.

패밀리레스토랑을 유망업종으로 평가하면서 대기업들이 외식산업에 관심을 갖게 되었고 서로 경쟁하듯이 외식시장에 진출하였다. 대표적으로 지금의 CJ푸드빌로 바뀐 제일제당은 일본의 대표적 패밀리레스토랑인 '스카이락' 과의 기술제휴로 시장에 참여하였으며, 신세계푸드시스템도 고기뷔페전문점 '까르네스테이션' 을 일본에서 도입하였다. 패밀리레스토랑의 확대는 생활수준의 향상으로 질적인 외식소비와 가족 중심적인 레저생활 등에 대한 고객의 욕구변화가 나타나기 시작하였고 때마침 다각화를 꾀하던 대기업의 관심과도 일치하였다.

소득수준이 향상되면서 외식을 하려는 고객들은 맛 이외에 분위기, 인테리어 등이 레스토랑을 선택하는 기준으로 등장하였다. 고객들의 취향도 고급화, 다양화함에 따라 음식이외의 특정한 테마로 볼거리를 제공하는 전략을 구사하는 테마레스토랑이 등장하였다. '하드락카페' 는 락음악을 주제로 하여 젊은 고객을 대상으로 인기를 얻었으며, 영화와 스포츠를 테마로 한 '플래닛헐리웃' 과 'LA팜스' 가 진출하였다.

1990년대 말 외식산업의 대표적인 현상 중의 하나는 음식의 다양화에 따른 퓨전음식의 등장이다. 이러한 퓨전 현상은 외식산업이 성숙화 하는 단계에서 나타나는 순차적인 외식문화 확산의 과정이며 소비자 욕구와 문화의 다양성이 반영된 외식산업의 글로벌화 현상이라고 할 수 있다. 패스트푸드와 패밀리레스토랑으로 양분되던 시장에서 퓨전음식문화는 커다란 반향을 일으켰다. 프렌치-아시아 큐진(cuisine)이라는 동서양 퓨전음식의 시초로 알려진 '시안', 썬앳푸드의 '스파게띠아', 베트남 음식 전문점 '포호아' 와 '포타이' 등 동남아요리를 주제로 한 레스토랑들이 퓨전음식문화를 주도하였다.

(5) 외식산업 시장의 세분화(2000년 이후)

21세기 외식산업은 고객의 욕구가 다양화, 개별화되면서 외식산업

환경이 급속도로 변화하였다.

웰빙이라는 단어가 등장하면서 건강식에 대한 관심이 높아지게 되자 고유 음식인 한식의 가능성도 제시되었으며 유기농을 이용한 레스토랑도 등장하였다.

패스트푸드, 음료, 아이스크림 등의 기호식품 전문점 역시 가공식품보다는 생과일, 녹차 등의 천연재료를 이용한 이색 메뉴로 고객의 관심을 끌었다. 특히 에스프레소 커피의 등장은 테이크아웃 등 다양한 업태의 외식산업을 탄생시키는데 큰 역할을 했다. 젊은 층을 중심으로 칵테일바, 와인바, 이자카야, 오뎅바 등이 등장하면서 새로운 음주문화가 나타났다. 특히 일본식 주점인 이자카야는 회식 개념을 통한 식사와 주류를 겸할 수 있다는 점 때문에 고객의 사랑을 받았다.

테이크아웃, 배달, HMR 등으로 외식의 범위가 더욱 넓어지면서 편리하고 신속하며 효율적인 소비 패턴을 추구하는 소비현상이 나타났다. 기존의 패스트푸드 레스토랑과 패밀리 레스토랑의 장점만을 통합한 신개념의 레스토랑과 패스트푸드와 베이커리의 특징들을 모은 레스토랑도 개점하면서 점점 외식산업시장의 업태가 다양화되어갔다.

와인 소비량이 증가하고 고급화된 커피가 확산되는 등 음료문화에도 뚜렷한 변화가 나타났다. 식사 위주의 시장에서 칵테일, 와인, 커피 등 음료를 전문적으로 취급하는 다양한 콘셉트의 바와 에스프레소커피전문점 등이 젊은 층을 중심으로 확산되었다.

스타벅스가 국내에 진출하면서 인스턴트커피로 대변되던 국내 커피시장에 에스프레소커피를 도입하였고 기존의 중소업체들이 담당했던 것과는 달리 재무구조가 튼튼한 기업들이 커피시장에 참여하면서 시장이 확대되면서 새로운 커피문화가 형성되었다.

패스트푸드의 인체 유해성 문제가 논란이 되면서 슬로푸드로의 회귀현상이 나타나고 좋은 음식을 먹겠다는 소비심리가 확산되면서 메뉴 또한 변화되었다. 미국 최대의 건강과일음료 프랜차이즈인 스무디킹은 주된 타깃이면서 다이어트와 미용에 높은 관심을 보이는 젊은 여성층을 끌어들이는 데 주력하였으며 건강에 관심이 많은 중장년층까지 고객을 확대시켰다.

또한 육류가 주류를 이루던 시장에서 건강과 다이어트 중심의 식생활은 육류 대신 해산물이나 야채로 옮겨 놓았다. 많은 외식기업들이 대거 씨푸드레스토랑에 관심을 나타내면서 진출하였는데 기존의 뷔페레스토랑들도 씨푸드를 접목하여 씨푸드뷔페레스토랑으로 방향을 바꾸었다.

〈표 2-1〉 외식산업의 소득 수준별 발전

구분	GNP($)	성장과정	주요업체등장
1960년대	100 ~200	식생활의 궁핍 및 침체기(6·25전쟁 후), 밀가루 위주의 식생활 유입(미국 원 조품), 분식의 확산 및 식생활 개선 문제 부상	뉴욕제과(67), 개업업소 및 노상 잡상인 대량 출현
1970년대	248 ~ 1,644	영세성 요식업의 우후죽순 출현, 경제 개발 계획에 따른 식생활 향상, 해외브 랜드 도입 및 프랜차이즈 태동, 국내프 랜차이즈 시작 : 난다랑(79.7), 서구식외 식업 시작 : 롯데리아(79.10)	가나안제과(76) 난다랑(79) 롯데리아(79)
1980년대 초반	1,592 ~ 2,158	외식 산업의 태동기(요식업→외식산업), 영세 난립형 체인점 출현(햄버거, 국수, 치킨 등), 해외 유명브랜드 진출 가속화	아메리카(80) 윈첼(82) 짱구짱구(82) 웬디스(84) KFC(84) 장터국수(84) 신라명과(84) 등
1980년대 후반	2,194 ~ 4,127	외식산업의 적응 성장기(중소기업, 영세 업체난립), 식생활의 외식화·레저화·가 공식품화 추세, 패스트푸드 및 프랜차이 즈 중심 시장 선도, 패밀리 레스토랑· 커피숍·호프점·베이커리·양념치킨 등 약진	맥도날드(86) 피자인(88) 코코스(88) 도투루(89) 나이스데이(89) 만리장성(86)
1990년대 초반	5,569 ~ 10,000	외국산업의 전환기(95년 산업으로서 정 착), 중·대기업의 신규진출 러시 및 유 명브랜드 도입, 프랜차이즈 급성장 및 도태, 시스템 출현(외식근대화)	나이스데이 씨즐러 스카이락 TGIF 등 아웃백, 빕스, 베니 건스, 애슐리, 마르 쉐 등

구분	GNP($)	성장과정	주요업체등장
1990년대 후반	6,500 ~ 9,800	IMF로 경기침체, 전체적인 침체, 불황 중 실직자들의 생계수단과 고용 창출 효과, 침체기에도 꾸준한 성장을 이룸, 다양한 형태의 소비패턴에 따른 점포의 변화	서울 경기지역 외식기업 포화 상태로 지방음식의 체인화와 수도권 중심의 패밀리 레스토랑의 지방 진출과 발전
2000년대 초반	10,000- 15,000	웰빙 문화로 인한 패스트푸드의 변화, 광우병파동으로 일부 산업 심각한 타격, 조류독감으로 치킨업계 익시적인 위기, 꾸준한 발전으로 전체 국민 노동력의 50%이상 고용 창출한 거대산업으로 발전	프랜차이즈 포화, 국내 브랜드 등장
2000년대 후반	15,000- 21,500	국내브랜드 프랜차이즈 대거 등장 및 대기업·식품업계의 외식산업 진출, 대기업 3세들의 외식산업진출(신세계:스타벅스로부터시작-투썸플레이스 등)	(할리스, 카페베네 등)
2010년대 초반	21,500 ~ 25,000	경기침체와 세월호 사건으로 인한 외식 위주의 식단이 집으로 이동, 정부규제에 의한 외식분야와 식품분야의 위축	대기업 진출에 대한 정부규제, 상생과 공생의 기업 논리
2010년대 후반	25,000 ~ 30,000	대기업 외식산업이 상생과 공생을 내세운 중소기업 외식 정책으로 변화, 대기업의 외식산업 진출 금지, 외식문화의 침체기와 과다 경쟁	CS를 통한 기업 이익과 고객만족 공존

〈표 2-2〉 한국의 외식산업 발전과정

연대	발전내용	주요업체
1960년대 이전	• 전통 음식점 중심의 음식업 태동기 • 식생활 및 식습관의 가내 주도형 • 식량지원 부족(생존단계)	• 이문설렁탕(1907) • 용금옥(1930) • 한일관(1934) • 조선옥(1937) • 안동장(1940) • 고려당(1945) • 남포면옥(1948)
1960년대	• 6·25전쟁 후 식생활 궁핍 및 음식업 침체기 • 혼분식 확산(미국원조 밀가루 위주의 식생활)	• 삼양라면 최초 시판(1963) • 비어홀(1964) • 코카콜라(1966) • 뉴욕제과 신세계 본점 프랜차이즈 1호점(1968)
1970년대	• 해외브랜드 도입기 • 프랜차이즈 태동기 • 대중음식점 출현	• 난다랑(1979) 국내 프랜차이즈 1호 • 롯데리아(1979) 서구식 외식 시스템 시발점
1980년대	• 외식산업 전환기 • 해외브랜드 진출 가속화 • 국내 자생브랜드 난립 • 부산 아시안 게임(1986) • 서울 올림픽(1988)	• 아메리카나(1980) • 서울 프라자 호텔이 여의도 전경련 빌딩, 프라자(한식당), 도원(중식당), 연회장 운영(1980) • 윈첼도우넛, 버거킹(1982) • 서울 프라자호텔 열차식당 운영(1983) • 웬디스, 피자헛, KFC(1984) • 맥도널드(1986) • 피자인, 코코스, 크라운베이커리, 나이스데이, 놀부보쌈(1988)

연대	발전내용	주요업체
1990년대	• 외식산업 성장기 • 대기업 외식산업 진출 • 패밀리레스토랑 진출 • 전문점 태동	• TGIF 판다로시(1992) • 시즐러(1993) • 데니스, 스카이락, 케니로저스 (1994) • 토니로마스, 베니건스, 블루노트, BBQ(1995) • 마르쉐(1996) • 칠리스, 우노, 아웃백스테이크하우스(1997)
2000년대	• 외식산업의 전성기 • 식품업계의 외식산업 진출 • 대기업의 외식산업 점령 • 골목상권 장악 • 자금력에 의한 규모화	• 커피(음료)전문점의 강세, 포화 • 해외진출사례 (할리스 토종브랜드)
2010년	정부의 규제와 경기침체로 인한 외식산업 침체기, 외식업의 다양화를 통한 커피전문점의 활성화를 꾀하고 있으나 국내포화로 인한 도산위기, 해외진출의 판로가 절실	• 첫손님가게(2013년2월) -기부문화의 정착 • 공생과 상생의 기로 • 대기업의 골목상권진출 금지 등
2020년	• 프랜차이즈를 중심으로 한 한류 K-Food 확산 • 해외 진출 본격화 • 맛, 웰빙, 디테일이 주도 • 성장 정체	• 놀부 NBG • 치킨 브랜드 • CJ 푸드빌 해외 100호점(2012) • 파리바게트(2015년 해외 200호점 개설)

〈표 2-3〉 연대별 외식산업의 성장과 특징

연대별 구분	특징
통일신라 ~ 고려시대	• 숭불사상에 의한 다류, 한과류, 채소음식 발달 • 고기숭상과 요리법 재현 • 일상식과 다른 상용 필수 식품화
조선시대	• 유교사상을 근본으로 한 공동체 의식 • 대가족제도와 식생활의 규범정착 • 김치의 발달과 상용 필수 식품화
해방 이전	• 전통 음식점 중심의 요식업 태동 • 식품 소비형태의 침체화 • 식량부족과 빈곤으로 인한 식문화 침체(1945년 166점포) • 1902년 우리나라 최초의 양식당(손탁호텔) • 이문설렁탕(1907), 용금옥(1930), 한일관(1934), 안동장(1934) 등 설렁탕, 해장국이 주류
해방 후 1960년대	• 식생활의 궁핍 및 침체기 • 밀가루 위주의 식생활이 유입(UN 원조품) • 개인업소와 노점상의 출현 • 소득 1인당 GNP(100~210$) • 뉴욕제과 • 원조이동갈비 • 자장면, 떡볶이, 부대찌개, 오뎅찌개 • 분식의 장려운동과 서구식 식생활의 유입

연대별 구분	특징
1970년대 초반	• 영세성 요식업의 출현 • 경제발전과 핵가족화로 인한 식생활 수준 향상 • 영양가와 맛의 추구
1970년대 후반	• 한식, 분식, 중식중심의 대중음식점 우후죽순 출현 • 해외 브랜드도입 및 프랜차이즈의 태동(서구식 외식시스템) -햄버거 : 롯데리아 상륙(79년 10월 25일 롯데백화점 내 소공점), 난다랑 1978(국내효시) • 250~1,600$(1인당 GNP)
1980년대 초반	• 음식에 대한 가치관의 변화 • 외식산업의 태동기(요식업→외식산업) • 영세 체인의 난립(햄버거, 국수, 치킨, 생맥주 등) • 해외 유명브랜드 진출 가속화 • 1,600~2,200$(1인당 GNP) • 아메리카나(80), 버거킹(80), KFC(84), 피자헛(84) 등
1980년대 후반	• 외식산업의 성장기(중소기업, 영세업체 난립) • 식생활의 외식화, 국제화, 레저화, 가공식품화 • 건강식에 대한 관심고조, 다이어트식 증대 • 패스트푸드 및 프랜차이즈 중심의 시장 확대 • 패밀리레스토랑의 도입, 커피숍, 호프점, 양념치킨 약진 • 맥도날드(86), 코코스(88), 크라운 베이커리(88), 놀부보쌈(88), 쟈뎅(89) 등 • 보쌈, 족발의 선호 • 2,200~4,100$(1인당 GNP)
1990년대 초반	• 외식산업의 전환기(산업으로서의 정착 : 1995년) • 중·대기업의 신규진출 가속화 및 해외유명 브랜드 도입 • 프랜차이즈 급성장 및 도태(외식 근대화) • 92년 히트아이템 – 쇠고기 뷔페 • 시즐러(93), 스카이락(94), TGIF(92) 등

연대별 구분	특징
1990년대 후반	• IMF 시대 외식산업의 최대 위기 돌출 • 중산층의 붕괴 및 소자본 창업의 증가 • 외식산업의 혼돈의 시대 • 이탈리안 음식의 신장세 지속 • 퓨전 푸드 출현으로 음식의 무국적시대 및 복합점화 • 저렴하고 실속 있는 단체급식의 급성장 • 가격 파괴점 속출, 고단가 음식의 신장세 지속 • 마르쉐(96), 아웃백스테이크하우스(97) • 전원카페 등 이색업소 등장(99) 비행기, 열차, 배 카페 등)
2000년대 초반	• 이탈리안 음식(파스타, 스파게티 등)의 전성시대 • 한국 고유음식의 재등장 (보쌈, 두부요리, 버섯요리, 감자탕, 순대국 등)
2000년대 후반	• 생돈까스, 요리주점, 참치 등 일본식과 에스프레소커피 등 Take out • 기능성식품(DHA 등), 건강지향식(웰빙)과 다이어트 음식의 가속화
2010년대 초반	• 허브 등의 향신료와 신선한 재료를 이용한 음식의 소비량 증가 • 매운맛 열풍(불닭, 떡볶이, 낙지볶음 등) • 패스트푸드의 쇠퇴, 웰빙 트렌드와 함께 슬로푸드 급성장 • 가격파괴, 트레이딩업 현상 등 양극화심화 (가격, 규모, 매출, 개설금액 등)
2010년대 후반	• 동남아 및 제3세계 음식등장 • 한식식당의 성장과 한식의 세계화 확산 • 커피 및 디저트 카페 급성장

2) 1961년 ~ 1970년

1950년대 후반부터 시작된 영양개선운동으로 밀가루예찬론, 혼·분식 장려운동, 유휴산간지 개간, 양곡수급계획발표 등의 먹고 살기 위한 총력전이 펼쳐졌다. 경제개발계획의 추진에 따른 국민소득의 점진적 증대와 문화수준의 향상으로 외식산업의 기초가 마련되었다. 1964년 오늘날 맥주전문점의 효시인 비어홀이 탄생되었으며, 1966년 코카콜라가 국내에 상륙하였다.

〈표 2-4〉 우리나라 1960년대 외식역사

1960년대	⇨	식생활의 궁핍 및 침체기	⇨	특징
				• 먹고살기 위한 총력전 • 밀가루예찬론, 혼·분식 장려운동 • 국민소득의 점진적 증대 • 맥주전문점의 효시인 비어홀 탄생

즉 1960년대 이전은 외식시장의 변화를 보면 1960년대 이전은 음

식업의 태동기, 경제적 빈곤기, 식생활 및 식습관의 가내 주도형으로 당시 주요업체는 이문설렁탕(1907), 한일관(1934), 조선옥(1937), 고려당(1945), 남포면옥(1948)을 들 수 있다.

또한 1960년대 들어 음식의 침체기 및 여명기(전쟁후)로 식생활의 궁핍, 밀가루 위주의 식생활과 식생활의 개선 문제가 부각되기 시작한 시기이다. 대표적 예로 뉴욕제과(1956)의 경우 분식장려로 인해 일부 음식문화의 서구화로 인해 제과·제빵업 중심의 개인업소 및 노점잡상인 중심의 대량출현이 가능했다.

3) 1971년 ~ 1980년

경제개발 시작과 더불어 식생활이 향상되었다. 단순히 생존을 위해 먹기 보다는 교양 및 여가에 대한 관심이 나타나기 시작하였으며, 1977년 전자레인지·마요네즈·케첩·생수·자판기·생맥주 및 햄버거 하우스 등이 최초로 등장하였으며, 1979년 롯데 그룹이 일본 롯데리아와 합작하여 롯데리아 1호점을 소공동 롯데백화점 내에 개점함으로써 서구식 외식시스템의 시발점이 되었다.

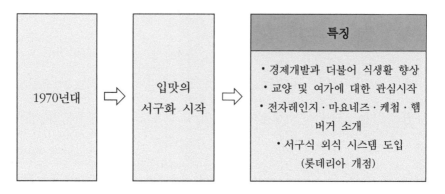

〈표 2-5〉 우리나라 1970년대 외식역사

1970년대	⇨	입맛의
		서구화 시작
			⇨	**특징**
				• 경제개발과 더불어 식생활 향상
				• 교양 및 여가에 대한 관심시작
				• 전자레인지 · 마요네즈 · 케첩 · 햄
				  버거 소개
				• 서구식 외식 시스템 도입
				  (롯데리아 개점)

즉 1970년대 외식시장의 변화를 보면 1970년대는 외식산업의 태동기로 분식 및 대중음식점이 출현하였으며 그 대표적 예로 림스치킨(1975)과 롯데리아(1979)를 들 수 있다.

4) 1981년 ~ 1990년

'외식산업' 이라는 말이 사용된 것은 1980년대에 접어들면서 외식업이 사회 · 경제적으로 비중이 점차 증대되면서부터라고 할 수 있다. 국내에서는 외식시장 개방과 더불어 대기업의 참여가 큰 계기가 되었다.

1986년 아시안게임과 1988년 서울올림픽을 전후하여 국내 외식산업은 괄목할 만한 성장을 이루었다. 피자인 · 코코스 · 나이스데이가 국내에 진출하였고, 크라운베이커리 · 놀부보쌈 등이 개점하였다. 식생활에서 고급화와 다양화에 대한 욕구가 증대되면서 해외 외식 브랜드도입과 프랜차이즈 시스템이 확대되었다. 1982~1986년 맥도날드 · 베스킨라빈스 · KFC · 피자헛 · 웬디스 등이 국내진출을 하였으며, 1980년대 후반 놀부 · 송가네 · 초막집 등 한국고유음식인 보쌈 · 족발 등의 메뉴를 시스템화하여 프랜차이즈화 하였다.

1987년에는 레스토랑의 선택기준이 맛이나 서비스보다 적당한 가격으로 꼽혀 현대와 큰 차이를 보였다. 당시 외식산업이 발달되지 않은 상황에서 레스토랑의 맛이 평준화되어 레스토랑 선택에 있어 가격이 무엇보다 중요하게 작용한 것으로 보인다.

〈표 2-6〉 우리나라 1980년대 외식역사

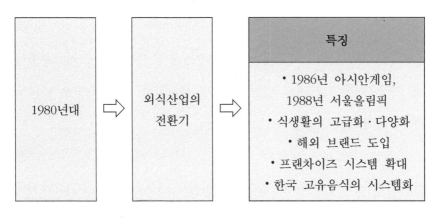

1980년대	외식산업의 전환기	특징
		• 1986년 아시안게임, 1988년 서울올림픽 • 식생활의 고급화 · 다양화 • 해외 브랜드 도입 • 프랜차이즈 시스템 확대 • 한국 고유음식의 시스템화

즉 1980년대 외식시장의 변화를 통해 외식산업의 적응기와 프랜차이즈화와 해외 브랜드의 도입이 본격화 되는 시기로서 버거킹(1980), KFC(1984), 피자헛(1985), 맥도날드(1986), 코코스(1986), 놀부보쌈(1987) 등이 이 시기에 탄생했다.

5) 1991년 ~ 2000년

이 당시는 국민소득이 향상되면서 해외여행과 핵가족화 및 맞벌이 부부가 증가하였다. 국내 대기업들에 의해 해외 외식 브랜드가 본격적으로 도입되어 체계적인 외식기업으로 발전하였다. 소규모의 개인 영세업에서 벗어나 기업화된 다점포 외식기업들이 증가하였다.

또한 이전까지 레스토랑의 개선사항으로 청결을 최우선으로 들었으나 1990년대부터는 서비스를 제1 개선사항으로 꼽아 1992년 이후 서구화된 레스토랑이 국내에 속속 도입되면서 질 좋은 서비스에 대한 요구가 커진 것으로 풀이된다. 1995년 조사결과에도 레스토랑에서 가장 불쾌한 느낌을 받는 경우가 불친절할 때(43.5%)로 나타났다.

1990년 중반에는 외식의 고급화로 인하여 셀프서비스가 아닌 풀서비스 레스토랑을 찾는 고객이 많아졌다. 1992년에는 TGI프라이데이스 · 판다로사가 국내에 진출하였으며, 1993~1997년 씨즐러 · 베니 건스 · 마르쉐 · 칠리스 · 아웃백스테이크하우스 등의 패밀리 레스토랑 들이 국내에 진출하였다.

1990년대 하반기는 IMF로 인한 소비위축현상이 심각했지만 빠른 시간 내에 호전되면서 향후 외식소비가 늘어날 것이라는 전망으로 막을 내렸다. 1998년 조사에 따르면 한 달에 2~3회 정도 외식하는 사람(34.4%), 1주일에 1번 이상 외식하는 사람(12.7%)이 IMF 이전 에 비해 절반가량 줄었으며, 외식을 거의 하지 않는다고 대답한 사 람도 5배가량 급증하며 대부분의 고객이 외식빈도 수를 줄였다.

〈표 2-7〉 우리나라 1990년대 외식역사

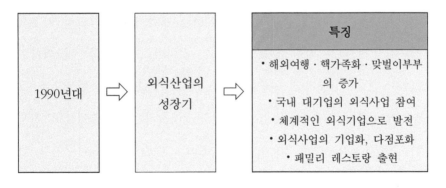

전체적으로 1990년대 외식시장의 변화를 보면 외식산업의 성장기 로 대기업, 호텔의 외식산업 진출 본격화 되었으며 다양한 업종, 업

태의 출현, 단체 급식시장의 부상, 경쟁의 심화 시기로 하디스
(1990), 하겐다즈(1991), TGIF(1991), 파파이스(1993), 씨즐러
(1993), 베니건스(1995), 마르쉐(1996), 아웃백스타이크하우스(1997)
등이 이 당시 등장한 브랜드들이다.

6) 2001년 ~ 2010년

20세기 외식산업의 환경변화는 세기 말이 가까워지면서 여러 부문
에서 변화가 일어나면서 기존의 구도가 서서히 무너지는 조짐을 보
였다. 그 첫 번째 현상이 주요고객층의 변화현상에서 찾아볼 수가
있다. 20세기 과거의 핵심소비계층이었던 베이비붐세대의 2세들이
10~20대의 성년이 되면서 이들의 식생활 패턴이나 가치관이 기성세
대와는 전혀 다른 양상을 보이고 있는 것이다. 또한 과학 및 의학의
발달과 건강·영양기능 위주의 식품개발로 수명이 연장됨으로써 고
령층 인구가 급증하고 있다. 베이비붐 2세들의 특징 중에는 미시족
이나 DINK족(Double Income No Kid : 맞벌이부부, 어린이가 없
는 가정)의 증가현상이 나타나고 있다. 이들은 자녀를 갖기보다는 자
기개성을 중시하며 문화적인 생활을 즐기는(개성파적이면서 enjoy
추구) 생활을 영위하기 때문에 가족 단란을 위한 외식은 찾아보기

어렵게 된다. 패스트푸드나 패밀리 레스토랑산업이 장기적으로 보아 쇠퇴가능성을 시사하고 있는 것도 이런 인구구조적인 측면에서 쉽게 예견할 수 있는 것이다.

최근 각국의 인구통계를 보면 미국의 경우 독신 세대가 전 프랜차이즈구의 25%이며, 일본도 이와 유사한 수치를 보여주고 있다. 더구나 자녀를 갖지 않는 세대는 양국 모두 50% 선을 육박하고 있다. 우리나라의 경우도 통계청이 발표한 최근자료에 의하면 고3 학생이 77만 명, 중3 학생이 73만 명, 초등학교 6학년 학생이 61만 명으로, 특히 초등학교 6학년은 가족계획세대의 시작년도 출생자들이므로 그 이후 출생세대는 인구증가율이 현저히 둔화되고 있다.

이 같은 인구감소경향은 앞으로 외식시장 전체 규모에 영향을 미치겠지만, 그들의 부모세대와는 전혀 다른 개성화·개인화·탈일상화·탈획일화를 주장하게 됨으로써 외식에 대한 니즈가 근본적으로 변화될 것으로 예측된다. 이러한 고객욕구의 변화는 미국의 전통적인 패밀리레스토랑인 데니스·빅보이·위너스 등의 매출이 급격한 감소추세에 있으며, 미국 외식산업의 대명사인 맥도날드의 매출감소에서도 찾아볼 수 있다.

전체적으로 21세기의 외식시장 패턴은 산업 전 부분에 변화의 바람과 더불어 베이비붐 세대의 2세가 주도적인 고객층으로 자리잡았다. 그리고 시장전략으로는 개성화·개인화·탈획일화·탈일상화 감성형·에스닉형 업종 예술성·창의성에 의한 콘셉트가 주도를 이루고 행동특성으로는 식생활 패턴이나 가치관 변화, 미시족과 DINK족, 개성 및 문화생활 중시, 독신세대 증가, 인구증가율 둔화로 요약될 수 있다.

이들은 20세기의 QSC라는 고전직인 경영의 콘셉트를 거부하면서 새로운 콘셉트를 추구하는 개방적인 신세대이기 때문에 고객개성을 중시하는 감성형·진귀형·에스닉형·절충형 등의 업종이나 업태를 발전시킬 수밖에 없다. 따라서 21세기의 외식산업은 형식이나 절차 등의 일관된 구조보다는 자기민족중심의 예술성이나 창의성에 의한 콘셉트중심의 외식산업이 유망할 것으로 예견되고 있다.

2. 외식산업 마케팅의 발전과 변천

1) 시대별 발전

'마케팅은 기업의 성패를 좌우한다' 는 말이 있을 정도로 외식업계에도 그대로 적용된다. 음식의 맛도 중요하지만 마케팅 역시 외식업체의 매출에 지대한 영향을 미치기 때문이다. 특히 장기불황이 지속되는 최근 마케팅의 중요성은 날로 커지고 있다.

(1) 1980년대 초반

① 1980년대 마케팅의 고전(古典): 외식업계가 1년 중 특히 마케팅에 공을 들인 때는 가장 호황기라 할 수 있는 연말연시다. 평소 선보이던 메뉴와 다른 색다른 요리를 기획하고, 연말연시 분위기 나는 소품으로 인테리어의 장식과 동시 가족고객을 겨냥해 어린이 특별메뉴 및 사은품 증정 서비스 등 다양한 형태로 연말연시 마케팅을 전개하기 때문이다. 이외에도 심야영업을 하거나 연휴에 일찍 영업을 개시하는 등의 방법으로 틈새시장을 공략하고, 공공시설에 사은품을 돌려 간접적 광고효과와 대외적인 이미지 향상을 동시에 누리는 등 고전적인 마케팅 방법들이 주를 이뤄 외식산업의 마케팅 전략으로 자리잡아왔다.

② POP 마케팅 활발: 가장 직접적인 마케팅 방법으로 사용 된 것이 POP(Point Of Purchase, 구매시점광고)다.

(2) 1980년대 후반

① 치열한 마케팅 경쟁 시대의 도래: 1980년대 중반부터 외식업소

를 찾던 고객들이 달라지기 시작했다. 이에 따라 외식업계에서도 판매촉진 개념을 도입하여, 단순히 품질이나 가격 등의 직접적 측면에서 고려되는 미시적 마케팅측면에서 사회행태학적 측면을 고려한 판매촉진 전략을 전개하는 거시적 마케팅으로 변화했다. 이는 이후 88 올림픽을 계기로 80년대 중후반 외식업계는 마케팅의 혁신시대를 맞이했음은 물론 치열한 경쟁시대에 돌입하게 하는 계기가 되었다.

② 여성마케팅의 등장: 1980년대 후반 외식시장에 있어서의 화두는 여성의 영향력이 커진 점이다. 즉 직장여성이 증가하고 주부의 경제주도권이 높아짐에 따라 외식업소 선택에 있어서 여성이 차츰 주체성을 띠기 시작한 것이다.

(3) 1990년대 초반

① 문화마케팅의 등장: 1990년대에 들어서면서 패스트푸드업계는 프로모션과 이벤트 등 문화마케팅에 주력했는데 이는 매출액 성장과는 별도로 대고객서비스에 주력한 것이다. 또한 놀이시설을 갖춘 공간을 마련하는 등 각기 메뉴와 고객특성을 고려한 적절한 홍보 전략이 주목받았다.

② 대세는 타깃 마케팅: IMF의 영향으로 소비가 위축되자, 패스트푸드업계는 원가절감을 위해 전 매장 공동 프로모션 대신 각 점포별

특성에 적합한 개별 프로모션을 진행하는 등 일정 연령층의 고객을 집중 공략하는 타깃 마케팅에 눈을 돌렸다.

(4) 1990년대 후반

① 마케팅은 시대를 반영: IMF 당시 애국심에 호소하기 위해 신토불이를 외치는 문구를 사용하고, 1999년 말에는 밀레니엄 마케팅이 유행하는 등 시대상을 반영하는 마케팅이 많았다. 한 자녀 가정이 늘어나면서 키즈 마케팅이 주목받았던 것도 그런 이유에서다.

② 인터넷 홈페이지 · PPL 등장: 1996년 PPL도 새로운 판촉기법으로 등장했다. 초기 형태의 PPL 마케팅은 드라마의 주요무대로 외식업소를 활용하거나 브랜드를 노출시키는 형태였다. PPL은 타깃층이 뚜렷할 뿐 아니라 광고내용이 영화나 드라마 속에 녹아있어 높은 홍보효과를 누리며 새로운 판촉기법으로 각광 받았다.

③ 불황에 강한 복고 마케팅: 과거의 향수를 불러일으키는 영화와 드라마가 공전의 히트를 기록하면서 외식업계 전반에도 추억을 자극하는 복고 감성이 이슈로 떠오르고 있기도 하였다.

그러나 이는 기존 복고 마케팅이 1970~1980년대의 추억을 자극했다면, 최근의 새롭게 떠오르는 복고 마케팅의 핵심은 1990년대를 떠오르게 하는 감성코드라는 것에 주목해야 한다는 점에서 차별성을 갖는다.

④ 고객의 마음을 움직이는 진정 마케팅: 똑똑한 요즘 소비자들은 쉽게 지갑을 열지 않는다. 최근 들어 부응하기 시작한 '진정성 마케팅(authenticity marketing)'이 대두되는 이유다.

이는 소비자들은 가장 진정성 있다고 판단하는 상품이나 기업에 후해지는 반면 진정성이 없다고 판단되면 쉽게 등을 돌리기 때문이다. 최근 한 프랜차이즈 대표가 무릎을 꿇고 자신의 억울함을 호소하는 글을 페이스북에 올려 화제가 되기도 했다. 그러나 글을 본 많은 사람들이 그 프랜차이즈 본사에 호감을 갖게 된 것 또한 진정성을 갖게하는 중한 마케팅의 한 사례다.

(5) 2000년 전반

① 사회지향적 마케팅 호응: 이 당시 최근 외식업계에서는 이른바 '착한기업', 즉 사회적 책임(CSR Corporate Social Responsibility)을 다하는 기업이 대세였다. 이 당시 비인기종목 스포츠에도 지원이 많아진 것도 일례다.

기존에 공기업이나 대기업 차원에서 주로 이뤄졌던 비인기종목에 대한 관심이 외식 및 외식업계에도 자연스럽게 이어졌던 것이다. 특히 최근 각 기업별 이색 사회공헌 활동이 브랜드 이미지 제고 및 사회적 책임론으로 대두되면서 이러한 움직임이 더욱 늘어나고 있는 추세다.

② 대세는 힐링 마케팅: 2000년대는 웰빙을 넘어 힐링이 대세였다. 마음을 위안하며 치유하는 것을 뜻하는 '힐링(healing)'이 외식업계 마케팅에도 영향을 주도하였는데 이 당시 한국농수산식품유통공사(aT)는 '힐링'을 외식트렌드 중 하나로 발표하기도 했다. 외식업계에서는 좋은 재료와 조리법으로 만든 힐링 메뉴를 앞 다퉈 출시하며 힐링 마케팅을 이어 가기도 했다.

③ 2000년대 마케팅 전성시대: 이 시기에는 스포츠 마케팅, 요일별 마케팅, 천 원 마케팅, 1:1 마케팅 등 기존 외식업계에서 볼 수 없었던 새로운 마케팅 기법이 속속 등장했다. 외식업계는 고객 타깃을 세분화하는 동시에 홍보와 가격, 서비스 등을 강화하는 등 다양한 마케팅으로 고객몰이에 주력했다.

④ 요일별 마케팅 · 키즈 마케팅 급부상: 주5일 근무제가 확대실시됨에 따라 라이프스타일이 변화하면서 가족중심의 패러다임이 강화된 가운데 이를 겨냥한 주5일 마케팅이 부상했다.

(7) 2010년대

① 스타 마케팅의 진화: 과거 스타 마케팅이 스타를 통해 소비자

들에게 상품의 신뢰를 심어준 것에 반해 2010년대에는 스타의 이미지를 통해 브랜드의 호감도를 높이는 데 중점을 뒀다. 가장 활발한 스타 마케팅을 진행한 것은 치킨업계로 소녀시대, 유재석 등 톱스타를 경쟁적으로 모델로 내세웠다.

카페베네는 2010년 업계 최초로 엔터테인먼트사와 전략적 업무제휴를 통해 새로운 형태의 스타 마케팅을 시작했다. 이후 카페베네의 스타 마케팅은 커피업계뿐만 아니라 다른 외식업계 전반에도 영향을 끼쳤다.

② 불황엔 역시 할인 마케팅: 경기불황이 장기화됨에 따라 외식업계에서는 저가, 할인, 덤, 쿠폰, 공짜 등 싼 값을 이용해 고객들의 주머니를 풀기 위한 마케팅을 펼치기 시작했다.

2500원 대패삼겹살 등장, 2000원 짜장면, 1900원 돈가스 등 IMF에 나타났던 메뉴들이 재등장하는 등 저렴함을 내세운 저가 마케팅이 붐을 이루기도 했다.

③ 블로그·페이스북 등 SNS 마케팅 활성화: 인터넷 상에 개인 미디어 '블로그'가 인기를 끌면서 SNS는 유행을 넘어 문화를 형성할 만큼 위력적인 존재로 성장했고, 외식업체들에게 브랜드를 홍보하는 주요한 마케팅 코드로 활용되기 시작했다.

2) 방법별 변천

(1) 아날로그 스타일의 '단순 광고' 〈1980~1990년〉

1980년대 중반 이후부터 외식업을 비롯한 각종 산업들이 막 활기를 띠기 시작했다. 당시만 해도 마케팅이라는 단어는 생소했다. 그 대신 '광고 노출', '광고 원가', '이벤트 계획', '선전' 이라는 용어를 사용하며 상호 노출을 목적으로 한 단순 광고를 시행했다.

당시 외식업소에서 자주 언급되던 용어가 '노벨티(Novelty)' 였다. 광고주가 기업명, 상품명 등을 넣어서 고객에게 제공하는 편리품을 뜻하는 말로 수건이나 열쇠고리, 성냥갑과 같은 기념품에 상호와 간단한 메시지를 새겨 나누어주는 것이 유행이었다. 업소의 정보를 자주 노출시켜 기억하게 하는 다소 일차원적인 광고 방식이었다.

판촉물이나 P.O.P는 지금처럼 업소의 경쟁력을 전략적으로 어필하기 위한 판촉물이 아니라 이벤트 행사를 알리는 수단에 불과했다. 예를 들면 주방장이 선물을 들고 있는 만화와 함께 '저희 매장에 오시면 선물을 드립니다' 문구를 적어 바깥에 배치하는 정도였다. P.O.P 단어 대신 주로 '입간판' 이나 '용구(무엇을 하거나 만드는 데 쓰는 여러 가지 도구)' 와 같은 표현으로 외식업소에서 판촉물의 중요성을 강조했던 시기다.

1980년대 후반이 지나면서 여성의 사회진출과 외식업 활황을 계기로 외식 메뉴 선택권이 남성에서 여성으로 넘어가면서 일부 업장에서는 여성고객을 타깃으로 아기자기한 파티나 이벤트, 조리강습회 겸 시식회 등도 자주 열었다.

1990년대는 광고 노출, 선전이라는 말 대신 마케팅과 홍보, POP 등의 용어를 본격적으로 사용하기 시작한 시기이기도 하다. 상품을 노출하는 데 의미를 둔 1차 광고에서, 매체와 판촉물을 적극 활용해 메뉴와 매장 콘셉트에 의미와 스토리텔링을 담아내는 복합 개념의 홍보로 한 단계 업그레이드했다.

해외 프랜차이즈들은 매스컴을 이용한 광고를 본격적으로 시작했다. 주로 TV와 인쇄매체를 적극적으로 활용했다. 이에 영향을 받은 국내 프랜차이즈 브랜드도 매체를 적극 활용했는데 일부는 '스타 마케팅'을 시도해 주목을 받기도 했다. '페리카나 치킨이 찾아왔어요~ 정말 맛있는 치킨이 찾아왔어요~ 페리페리 페리카나~' 노래는 지금까지 사랑받고 있는 페리카나 치킨 CM송이다. 국내 맥주 전문회사 OB는 영화배우 강수연 이미지를 인쇄매체에 실어 광고효과를 봤다.

작은 규모의 매장들은 DM 발송이나 이벤트, 할인권으로 마케팅을 대신했다. 고객 이름과 주소, 전화번호, 생일이나 특정 기념일을 기록해두었다가 행사나 명절 때마다 연회장을 우편으로 보냈다. 동네 상권이나 지역 주민을 타깃으로 지하철이나 버스를 활용한 배너, 현수막, 간판 등을 통해 광고 범위를 조금씩 넓혀나갔다.

1990년대 중반에는 IMF로 인해 많은 음식점들이 문을 닫았다. 이때 외식업 마케팅은 생존을 위한 마케팅이었다고 해도 과언이 아니었다. '폭탄세일', '반값 할인', '가격 대폭 인하', '사장님이 미쳤어요' 등 화려한 마케팅보다는 최소 비용으로 효과를 낼 수 있는 실속형 가격파괴 마케팅으로 전환해갔다.

(2) 밀레니엄 특별 프로모션부터 모바일·인터넷까지

〈2000~2010년〉

2000년이 시작되면서 외식업계는 분위기 전환을 시도했다. '밀레니엄' 타이틀을 단 다양한 이벤트와 마케팅이 쏟아졌고, 컴퓨터의 보급으로 DB를 통한 단골 유지에도 힘을 쏟았다.

2000년 새해가 밝으면서 각종 외식업소들은 다양한 밀레니엄 기념 마케팅을 펼쳤다. 당시 수많은 외식 기업들이 21세기 시대 흐름과 사회변화를 기반으로 장기적인 안목에서의 마케팅 방법을 모색했다. 그린 마케팅, 키즈 마케팅, 엔터테인먼트 마케팅, 양극화 마케팅 등 신종 마케팅 용어도 줄줄이 나왔다. 가장 이슈가 됐던 키즈 마케팅은 '소비자는 어린이다'를 모토로 낮은 출산율과 가족 중심의 라이프스타일 변화로 가정에서 자녀 중심의 구매 행태가 이루어질 것이라 예측, 어린이를 타깃으로 한 메뉴나 시설 등을 구성한 마케팅이다. '제품의 사용가치보다는 재미와 욕망의 충족이 중요한 시대이므로 외식업에도 오락과 재미 요소를 가미해야 한다'는 엔터테인먼트 마케팅 역시 2000년대 들어 주요 마케팅 키워드로 자리매김했다.

불특정 다수를 겨냥한 마케팅보다 상권과 타깃에 맞는 마케팅 전략을 세우기 시작한 것도 이 무렵이다. 무료 배포하는 전단광고 대신 주부고객에겐 외식 상품권을 제공했다.

특히 주5일 근무제로 직장인들의 라이프스타일이 바뀌고 컴퓨터 대중화로 주말에 집에 있는 시간이 늘면서 외식업소들은 주말 가족 단위 고객을 위한 마케팅 전략을 새롭게 짜야 했다. 주로 주말 방문에 한해 각종 할인 서비스나 상품권, 무료식사권 등을 제공했고 식사비용 일부를 적립해주거나 유아 놀이시설을 증축하기도 했으며, 임산부나 노인에게 식사를 무료로 제공하는 곳들도 있었다.

또한 컴퓨터를 활용한 DB를 구축, 고객 개인의 특성과 특이사항을 기록해 각각의 차별화된 서비스를 제공하는 본격 '1대1 마케팅'도 가능해졌다.

2000년대는 핸드폰과 인터넷 시장이 활황을 띠었던 중요한 시기이기도 하다. 특히 휴대폰의 대중화로 인구 90% 이상이 이동통신에 가입했으며(2005년 정보통신산업진흥회) 정보 이용료나 문자 사용량, 통신료 등이 기하급수적으로 증가할 때였다.

외식업체는 SMS를 활용한 다양한 모바일서비스를 시작했다. 기존 종이나 카드로만 사용했던 할인 쿠폰·상품권을 바코드 형태로 휴대폰에 다운로드 받아 사용하는 모바일 쿠폰으로 업그레이드했다.

(3) 스토리·콘텐츠 기반의 블로그 마케팅

2000년대 후반으로 갈수록 블로그 열풍이 뜨거워지더니 2010년 들어서는 본격적인 블로그 마케팅이 시작됐다. 외식업소들은 유명 블로거들을 모시는 데 혈안이 됐다. 파워블로거들의 음식점 리뷰에 따라 업소의 흥망성쇠가 결정된다고 할 만큼 블로그 포스팅의 영향력이 커졌다.

2010년 이후 외식업 마케팅의 핵심 수단은 SNS와 블로그였다. 다양한 스마트폰 앱 기능으로 개인 업무를 해결하고 편의시설까지 이용하면서 소셜네트워크와 떼려야 뗄 수 없는 긴밀한 관계를 구축하게 됐다. SNS와 온라인 마케팅으로 고객과의 커뮤니케이션이 수월해지면서 외식업 경영주들은 매장 콘셉트나 규모, 메뉴, 업주의 성향, 상권 등에 따른 주요 고객층을 면밀히 분석해 타깃층에 맞는 마케팅 전략을 세우기 시작했다.

당시 여러 가지 메뉴를 골고루 내기보다 단일 메뉴를 전문성 있게 판매하는 업소들이 많이 생겨났다. 고객 역시 양보단 질을 중요하게 생각하고 그만큼 음식에 대한 니즈도 세분화되어갈 무렵이다.

초창기 온라인마케팅은 단순히 SNS나 온라인 공간을 활용하는 데 그쳤다. 트위터나 페이스북을 통해 실시간으로 맛집 정보를 업데이트하거나 개인 블로그에 음식점 방문 후기를 사진과 함께 올리면, 커뮤니티 내에서 정보를 서로 공유하는 정도였다. 시간이 지나면서 SNS와 블로그가 하나의 콘텐츠이자 산업으로 자리매김했다.

하루 평균 수천, 수만 명의 유저들이 방문하는 파워블로그의 영향력이 세지면서 외식업에서도 이러한 파워블로그를 활용한 블로그 마케팅이 강세를 띠기 시작했다. 실제로 몇몇 업소들은 파워블로거들의 전폭적인 긍정 포스팅으로 매출이 팍팍 오르기도 하고, 반대로 강력한 비판 포스팅으로 문을 닫는 업소도 있었다.

이후 매월 특정 비용을 지불하면 수십 개의 블로그에 업소 관련 정보와 후기를 올려주는 바이럴 마케팅이 성행했고 포털사이트 상위 검색이나 파워링크를 위한 '키워드 광고'도 외식업 경영주들의 관심 요소였다. 포털사이트 상단에 'OO지역 맛집'을 검색하면 해당 업소 포스팅이 20~30개씩 포털에 노출되도록 특정 키워드를 선점하며 업소의 인지도를 높였다.

광고성 블로그 포스팅이 넘쳐나자 블로그 마케팅의 효력도 점점 시들해갔다. 객관적인 평가보다 단순히 '맛있다'는 식의 천편일률적인 글과 사진들에 고객은 정보의 가치를 느끼지 못했다. 실제로 블로그를 보고 방문했다가 메뉴 퀄리티나 서비스에 실망하는 사례가 늘면서 블로그 콘텐츠에 대한 소비자의 신뢰도가 하락했다.

이후 몇몇 젊은 경영주들은 직접 블로그를 운영하거나 인스타그램, 페이스북, 카카오스토리 등 다양한 SNS 채널을 통해 업소의 경쟁력을 어필했다. 할인 이벤트를 하거나 신메뉴 출시 때마다 SNS로 공지하고, 매장 안에서 일어나는 각종 에피소드들과 소식들을 친근하게 전하며 고객과의 밀착형 소통이 가능해졌다.

'맛있다', '맛없다' 식의 일차원적인 평가가 아니라 업소의 경쟁력과 아이덴티티를 잘 살린 콘텐츠 중심의 홍보가 대세를 이루면서 콘텐츠를 분별하고 업소를 선택하는 소비자의 판단도 똑똑해졌다.

단순한 상호 노출에서 그칠 것이 아니라 '영향력'과 '파급력'으로까지 이어져야 한다는 것을 이제 외식업 경영주들도 인식하고 있는 상황이다.

(4) 외식과 IT 기술의 융합, 진격의 '푸드테크 마케팅'

〈2016~2018년〉

식품·외식산업에 IT기술을 접목한 신개념 산업이 발달, 식품 (Food)에 기술(Technology)을 없은 '푸드테크' 시장이 열렸다. 각종 배달앱을 시작으로 빅데이터 분석을 통한 맛집 추천, 유명 맛집 음식 배달 서비스까지 범위를 넓히며 외식업 마케팅에 혁신이 일었다.

배달 서비스가 마케팅의 영역으로 들어왔다. 기존 맛집 책자에 나열돼있던 동네 중국집이나 백반집들이 스마트폰 배달앱 영역으로 들어오고, 나아가 유명 맛집이나 고급 레스토랑도 배달앱과 협업해 배달 서비스를 시작하게 됐다.

'하동관'이나 '을밀대'처럼 수십 년의 전통을 지닌 유서 깊은 맛집들의 배달 서비스는 한동안 이슈가 됐다. 특히 가정 내 식탁에서 하동관 곰탕과 을밀대 평양냉면을 차려놓은 인증샷을 SNS에 올리는 유저들이 늘면서 관심을 끌었다. '20공 내포 많이 주세요'라는 주문을 하동관이 아닌 집에서 전화로 하게 될 줄이야', '배달 맛집 클래스 보소', '집에서 평양냉면 먹는 신기한 세상' 등 페이스북이나 인스타그램에 재미있는 후기들이 올라왔고 배달 서비스 자체가 홍보·마케팅의 수단으로 부상하게 된 것이다.

다양한 홍보 채널로 매출을 높이고 안정된 수익구조를 만드는 것이 목적인 푸드테크는 외식업소의 효과적인 마케팅 수단이 됐다. 푸드테크에서 말하는 IT기술은 체계적인 시스템과 데이터를 기반으로 고객의 니즈를 면밀히 분석, 연령이나 나이, 성별, 거주 지역, 주문 리스트 등 각 요소별 맞춤형 서비스를 위한 도구다. 단순히 이색적인 시스템을 통해 고객의 이목을 끌거나 편리한 운영 시스템을 구현하는 데서 그치지 않고, 실질적인 매출 상승으로 이어지도록 한다는 것이다.

빅데이터를 분석해 각종 맛집 검색부터 주문, 결제까지 도와주는 앱서비스 '레드테이블'의 대표는 "초창기만 해도 O2O서비스 전문 기업들이 외식업소를 끌어 모으고 고객을 발굴하는데 고충을 겪었다. 현재는 많은 외식업소가 배달 서비스로 추가매출을 높이거나 외국인 관광객을 타깃으로 홍보하기 위해 메뉴 콘셉트와 고객층, 상권 특성 등을 고려해 그에 적합한 앱 서비스를 찾는 추세"라고 말했다.

소비자들은 갈수록 모든 일을 모바일로 하는 시대가 올 것이다. 그러한 고객 니즈에 밀접하기 위해서는 푸드테크산업에 관심을 갖고 업소에 맞는 마케팅 툴을 선택할 수 있어야 한다.

〈표 2-8〉 마케팅 방법별 변천

년도	주요 마케팅 내용
1985	성냥갑, 수건 등 상호 노출 위한 단순광고
1987	홍보마케팅 대신 광고, 선전 단어 사용
1989	이벤트, 판촉물 홍보
1990	PR용품, 현수막, 전단광고
1991	마케팅 용어 사용 시작
1992	TV-CF광고(피자헛, 맥도날드 해외프랜차이즈 위주)
1993	국내 외식브랜드 TV-CF광고(페리카나치킨 개그맨 최양락 섭외)
1995	연예인 홍보 모델 내세운 인쇄매체 활황, 소형점포 할인권, 상품권 노출
1996	이색간판, 경품, 이벤트 등 적극 마케팅
1997	'폭탄세일', '사장님이 미쳤어요' 등 IMF 실속 마케팅
1999	원플러스원, 나라사랑 마케팅(아나바다운동 일환)
2000	21세기 밀레니엄 기념 마케팅
2002	월드컵 기념 프로모션 유행
2003	주5일 근무제, 컴퓨터보급으로 가족 타깃 마케팅
2004	어린이세트 등 키즈 마케팅 인기
2005	모바일 마케팅 시작(모바일 할인쿠폰)
2006	블로그 마케팅 태동
2008	타깃고객 맞춤형 마케팅
2009	스타 마케팅 부활(굽네치킨 소녀시대 영입)
2010	블로그 마케팅 활황, 파워블로거 탄생
2011	펀(Fun)마케팅 유행
2012	스마트폰 대중화, 앱서비스 마케팅 출현
2013	SNS(페이스북인스타그램) 활성화, 포털사이트 상위노출 검색
2014	푸드테크 출현, 배달의 민족, 배달통 등 배달앱서비스 활황
2015	O2O서비스 통한 마케팅
2017	SNS O2O서비스, 푸드테크 마케팅 장점

3. 소비자의 장소선택 기준과 브랜드의 변천

1) 외식장소의 선택과 변천

1980년대부터 현재까지 고객들이 식당을 선정하는 가장 큰 기준은 '맛'이라는 불변의 진리는 깨지지 않고 있다. 1990년부터 2017년까지 레스토랑 선택의 기준이 무엇이냐는 질문에 평균 65% 이상이 맛을 꼽아 압도적으로 1위를 차지하고 있다. 1990년대 이전까지 소비자들은 식당선택의 가장 큰 요인으로 가격을 들었으나 생활수준이 높아지는 1990년대 들어서면서 맛을 중요시하기 시작한 것이다. 먼 식당을 찾아다니는 사람들이 늘어나는 등 외식 자체를 레저로 인식하는 경우가 많아짐에 따라 외식업체들의 맛 개발이 시급한 과제로 대두되기도 했다.

1990년 후반까지는 식당 선택기준 1위는 맛, 2위로 서비스, 3위로 분위기가 꼽혔으며, 2001년부터는 이 세 가지 요소에 가격과 교통의 편리성이 추가되었다. 이와 같이 1980년대에서 2017년도에 이르기까지 음식점을 선택하는 기준은 맛과 분위기이며, 재방문 혹은 다시 방문하지 않는 기준 또한 맛 이외에 서비스가 매우 중요한 기준으로 작용하고 있음을 알 수 있다.

<표 2-9> 외식장소 선택기준

연도	식당 선택기준
1985년	가격, 맛, 위생
1990년	맛, 청결, 가격
1995년	맛(87.1%), 서비스(4.6%), 분위기(4.4%)
2000년	맛(77%), 서비스(37.4%), 분위기(32.7%)
2005년	맛(72.3%), 가격(15.5%), 양(4.4%)
2010년	맛(71.2%), 분위기(10.2%), 교통(8.4%)
2015년	맛(82.6%), 분위기(25.2%), 교통(21.3%)
2017년	맛(77.3%), 분위기(7.1%), 가까운 위치와 교통(6.8%)

2) 외식산업의 발전과 변천

국내 외식 프랜차이즈 산업이 1977년 림스치킨 프랜차이즈부터 시작되었는데 이를 정리해 보면 다음과 같다.

〈표 2-10〉 국내 프랜차이즈 산업의 변천사

시대별	구분	주요 브랜드 및 이슈
1970년대	**태동기** • 프랜차이즈 산업모델 국내 첫선 • 기업형 프랜차이즈 탄생	• 1977년 림스치킨 • 1979년 7월 국내 프랜차이즈 1호점 난다랑(동숭동) • 1979년 10월 롯데리아 소공동
1980년대	**도입 및 성장기** • 패스트푸드 도입에 따라 대기업 외식업 진출 • 해외 패스트푸드 프랜차이즈 국내 진출 • 한식 프랜차이즈시작 (놀부보쌈/송가네왕족발/감미옥 등) • 88서울 올림픽 개최	• 1982년 페리카나 • 1983년 장터국수 • 1984년 KFC/버거킹/웬디스 • 1985년 피자헛/피자인/베스킨라빈스 • 1986년 파리바게트 • 1987년 투다리 • 1988년 코코스 • 1989년 도미노피자/놀부/멕시카나
1990년대	**성숙기** • 국내 프랜차이즈 기반 구축 • 국내 최초 패밀리 레스토랑 개념 도입 • 1988년 외환위기 • 1989년 (사)한국 프랜차이즈산업협회 설립	• 1990년 미스터피자 • 1991년 원할머니보쌈/교촌치킨 • 1992년 맥도날드/TGIF 사업개시 • 1993년 한솔도시락/미다래/파파이스 • 1994년 데니스/던킨도너츠 • 1995년 베니건스/토니로마스/씨즐러/BBQ • 1996년 김가네/마르쉐/쇼부 • 1997년 빕스/아웃백스테이크/칠리스/우노 • 1998년 쪼끼쪼끼/스타벅스/코바코 • 1999년 BBQ 국내 최초 가맹점 1000호점 달성 • 1999년 (사)한국프랜차이즈협회 설립인가

시대별	구분	주요 브랜드 및 이슈

2000년대	**해외진출 초창기**
	일부 업종 포화기
	• 국내 외식브랜드 중국,
	  일본 등 해외진출
	  가속화 2002년 한일
	  월드컵 개최
	• 치킨프랜차이즈 붐업
		• 2000년 미소야, 투다리 중국 청도 진출
		• 2001년 퀴즈노스/매드포갈릭/사보텐/
		  파스쿠찌
		• 2002년 파파존스/본죽, 분쟁조정협의회 설
		  치
		• 2003년 프레쉬니스버그/명인만두/
		  피쉬앤그릴/BBQ 중국 진출
		• 2004년 크리스피크림도닛
		• 2005년 뚜레쥬르 중국 진출
		• 2006년 토다이, 놀부 일본 진출
		• 2007년 BBQ 싱가포르 진출

2010년대	**저성장기**
	해외진출 가속화
	• 식재료 수급 불안정
	• 해외진출 가속화
	• 외식업관련 법과 제도
	  정비
	• 중소기업 적합업종 선정
	• 대기업 빵집 사업 철수
	• 공정위 모범거래기준안
	  발표
	• 가맹사업법 추진
	• 음식점 금연구역 전면시행
	  (2015)
	• 디저트 업종 활성화
	• 일본, 유럽 등 해외디저트브
	  랜드 도입 활발
	• 소프트아이스크림, 팥빙수,
	  츄러스 등 브랜드 활성화
		• 2010년 채선당 인도네시아 진출
		• 2012년 파리바게뜨 중국 100호점,
		  CJ푸드빌 해외 100호점
		• 2011년 놀부 NBG, 美 모건스탠리PE에
		  지분 매각, 제스터스, 잠바주스, 망고식스
		• 2012년 베코와플, 투뿔등심, 와플트리,
		  모스버거
		• 2013년 바르다김선생, 고봉민김밥, 설빙,
		  깐부치킨, 이옥녀팥집, 족발중심,
		  미스터시래기, 고디바, 소프트리
		• 2014년 자연별곡, 올반, 계절밥상 등
		  한식뷔페
		• 2015년 11월 미스터 피자 중국 100호점
		  출점
		• 2015년 12월 파리바게뜨 해외 200호점

3) 외식메뉴의 발전과 변천

국내 외식산업의 태동기는 1980년도로 본다. 물론 그 이전부터 외식산업은 식당, 음식점, 요식업 등으로 불리며 발전해 왔지만 본격적인 산업으로의 성장을 시작한 시기를 국내 최초의 외식기업이라 할 수 있는 롯데리아가 출범한 1979년 이후로 정리하고 있다.

국내 외식산업은 1986년 아시안 게임과 1988년 서울 올림픽을 기점으로 놀라운 성장을 하기 시작했다. 물론 당시의 급속한 경제성장에 힘입어 외식산업도 함께 성장한 것은 누구도 부인할 수 없는 일이다. 한국은 세계가 놀랄만한 경제성장과 함께 사회구조도, 삶의 질도 급속한 변화를 가져왔다.

〈표 2-11〉에서 보듯 국내 외식산업 태동기 이후 시대적으로 국내 외식산업의 성장 과정에서 시기마다 리딩했던 메뉴, 혹은 업종이 있다. 그 이후 장터국수가 출현하면서 국수가 뒤를 이으며 국내 외식 브랜드가 만들어지기 시작하면서 외식프랜차이즈 산업이 싹트기 시작하는 계기가 됐다.

즉 생존하고 번성하는 기업들은 끊임없는 변화와 개선, 개발, 혁신을 통해 시대에 맞는 가치를 만들었기 때문에 가능했다.

〈표 2-11〉 시대별 외식브랜드(메뉴)콘셉트의 변화추이

메뉴	시대	외식 브랜드
햄버거	1980~1985	롯데리아, 아메리카나, 빅웨이
면류	1986~1988	장터국수, 다림방, 다전국수, 민속마당, 국시리아, 참새방앗간
양념치킨	1988~1990	페리카나, 처갓집, 림스치킨
보쌈	1990~1992	놀부보쌈, 촌집보쌈, 할매보쌈
우동		언가, 천수, 나오미, 기소야
신개념퓨전 레스토랑		(피자, 햄버거, 아이스크림, 통닭 등 모두 판매) 굿후렌드, 코넬리아, 아톰플라자, 해피타임
쇠고기뷔페	1992~1993	엉클리 외
커피		쟈뎅, 미스터커피, 왈츠, 브레머
피자	1993~1994	시카고피자, 피자헛, 도미노피자
피자뷔페	1994~1996	베네벤토, 아마또, 오케이, 베니토, 카이노스
탕수육		탕수 탕수 외
김밥		종로김밥, 김가네김밥, 압구정김밥
조개구이	1996~1997	조개굽는 마을, 미스조개 열받네, 바다이야기, 조개부인 바람났네
칼국수		봉창이해물칼국수, 유가네칼국수, 우리밀칼국수
북한음식		모란각, 통일의 집, 고향랭면, 발용각, 진달래각
요리주점	1997~1999	투다리, 칸, 천하일품, 대길, 기린비어페스타
찜닭	1999~2001	봉추찜닭, 고수찜닭, 계백찜닭
참치		참치명가, 동신참치, 동원참치
에스프레소 커피		할리스, 커피빈, 프라우스타, 이디야
돈가스		라꾸라꾸, 하루야, 패밀리언
생맥주		쪼끼쪼끼, 해피리아, 블랙쪼끼, 비어캐빈

메뉴	시대	외식 브랜드
아이스크림	2001~2003	레드망고, 아이스베리
회전초밥		스시히로바, 사까나야, 기요스시
하우스맥주		오키스브로이하우스, 플래티늄, 도이치브로이하우스
불닭	2004~2005	홍초불닭, 화계, 땡초불닭
퓨전 오므라이스		오므토토마토, 오므라이스테이, 오므스위트, 에그몽
중저가 샤브샤브		정성본, 채선당, 어바웃샤브
베트남 쌀국수		호아빈, 포베이, 포메인, 포타이
해물떡찜	2006~2007	해물떡찜0410, 크레이지페퍼, 홍가네해물떡찜
정육형 고깃집	2006~2007	다하누촌, 산외한우마을
저가 쇠고기		아지매, 우스, 꽁돈, 우쌈, 우마루, 행복한 우담
국수	2008~2009	(비빔국수, 잔치국수)망향비빔국수, 명동할머니국수, 산두리비빔국수, 닐니리맘보
일본라멘		하코야, 멘쿠샤, 라멘만땅, 이찌멘
카페	2008~2013	스타벅스, 카페베네, 파리바게뜨
떡볶이	2011~2012	아딸, 죠스, 국대, 동대문엽기떡볶이
샐러드, 집밥	2013~2014	샐러드뷔페, 계절밥상, 자연별곡
디저트카페	2015~2017	몽슈슈, 초코렛바, 빙수 등 디저트

III

외식산업의 시대별이슈와 히트메뉴

1. 언제나 불황, 생존위해 개발 지속

1) 1980년대 초반, 산업화의 시초

외식산업의 규모가 80조 원을 넘어섰다. 40년 전만 해도 '산업'의 틀조차 갖추지 못했던 외식업은 이제 국가 핵심 신성장동력으로 육성되기에 이르렀다.

지난 40년 동안 우리나라 외식산업의 발전과 함께 국내 외식산업의 변화를 테마별로 살펴보면 다음과 같다.

먼저 국내 외식산업의 역사는 100여 년에 달하지만 1970년대 산업화를 통해 본격화되었다. 특히 1986년 아시안게임과 1988년 서울올림픽을 계기로 급성장하기 시작해 현재 80조 원을 넘었으며, 식품산업의 규모를 앞질렀다. 이러한 성장의 이면에는 치열한 경쟁은 물론 2000년대 이후 지속되는 경기침체와 대내외적 환경의 어려움이 계속되고 있는 이유이기도 하다. 이는 대부분의 식당들이 '불황을 타개하는 방안'에 관심이 집중되고 있는 점만 봐도 알 수 있다.

1986년부터 1980년대 후반까지는 국내 외식업계의 특별한 이슈보다 우리 외식업계가 나아가야 할 방향에 초점을 맞췄다.

2) 1980년대 후반 시장활성화

(1) 라면 다시 먹어도 되나

1989년 11월 라면에 대한 공업용 우지파동이 발발했다. 우리나라 최초의 라면이자 국민라면으로 불린 '삼양라면'이 공업용 쇠기름으로 라면을 제조 판매했다는 사건은 모든 이들에게 엄청난 충격을 안겨주었다. 공업용 쇠기름으로 만든 식품이 인체에 유해한지의 여부를 떠나서 공업용 쇠기름으로 식품을 만들어 팔았다는 사실 자체에 대해 소비자들은 심한 배신감을 느낀 것이다.

(2) 국내 외식업계 첨단광섬유 간판 도입

1987년 6월 오일쇼크 이후 규제돼 왔던 네온사인에 대한 규제 조치가 해제됐다. 네온사인에 대한 정부의 첫 규제는 1960년 1월 제1차 오일쇼크로 인해 전력이 부족해지자 전면 사용을 금지시켰다. 2년이 지난 1962년 2월 에너지 사정이 다소 호전되자 네온사인 사용을 전면 허용했다가, 1967년 11월 2차로 전면 제한했으며 불과 1년도 못된 1968년 7월 다시 허용됐다. 3차 오일쇼크가 시작된 1973년 11월 네온은 다시 전면 규제됐다가 1981년 8월 관광호텔, 약국, 역, 터미널, 병원 등에 대해 부분 허용됐으며, 1986년 7월에는 병원과

의료기관으로 범위가 확대됐다. 그 후 정부는 올림픽을 앞둔 1987년 6월 네온사인 사용을 전면 해제했었다.

(3) 대기업의 외식업 진출 시작

그동안 영세업종의 이미지 때문에 주로 개인이나 중소업체를 중심으로 이뤄지던 외식업에 거대 자본과 인력을 앞세운 대기업 군단이 진출하기 시작했다.

1984년 한양유통이 아이스크림전문점 데어리 퀸을 도입했고, 1985년 논노그룹 계열사인 (주)청원익스프레스가 투모로우타이거를, 1987년 신호그룹 계열사인 조영물산이 피자인을, 1988년 미도파 백화점이 국내 최초의 패밀리레스토랑 코코스, 1989년 한화그룹 계열인 골든벨이 미국 쉐이키스피자를 도입했다. 이후에도 1994년 일경그룹은 패밀리레스토랑 데니스와 리틀시저스, 버거킹을, 1995년 남양유업이 피자 피아띠, 1996년 코오롱고속관광의 우노, 1995년 대한제당의 칠리스, 1995년 동양제과의 베니건스, 1997년 효성생활사업의 샌드위치전문점 찰리스 스테이커리 그릴&서브, 해태의 레드핀 피자 등 수많은 대기업들이 외식사업에 진출했다.

3) 1990년대 초반 국내 외식산업의 새로운 전환기

(1) 외식업체 아르바이트 제도 정착

해외 외식브랜드들이 도입되면서 국내 외식업계에 아르바이트 제도에 대한 관심이 높아졌다. 패스트푸드전문점에서는 주문받는 일, 청소, 서빙 등 세부 업무가 매뉴얼에 따라 이루어지기 때문에 아르바이트 사용에 이점이 많다. 이를 한식당에 접목할 경우 시간별 활용, 특히 야간에 아르바이트를 이용하는 것이 여러모로 효과가 크며, 효율적인 관리가 된다면 인건비 절감은 물론 업소내에 활력 있는 분위기가 유지될 것이라는 희망적인 이유로 선호되면서 정착하기에 이른다.

(2) 포스시스템 도입

전표마감, 일일판매집계, 구매 및 재고현황 파악 등에 막대한 시간을 허비하고 있었던 것이다. 이와 같은 경영분석을 편리하게 하고 효율적인 능률을 확보할 수 있도록 하는 것이 바로 식당 전산화 프로그램이다. 초기 단계였지만 포스 시스템의 도입은 식당 업무를 효과적으로 개선할 수 있는 획기적인 전환점이 됐다.

(3) 외국인 직접투자제도

이미 세계 유명 브랜드 중 햄버거, 피자, 치킨은 대다수가 도입되어 성업을 이루고 있는 가운데 패밀리레스토랑이 대거 몰려들었다. 하지만 실제로는 허울뿐인 번성이거나 적자를 면치 못하는 업체가 많았다. 한마디로 수많은 비용을 투자하더라도 국내에서는 큰 수익을 내기 어려웠다.

4) 1990년대 후반 각종 규제정책 어려움 가중

1990년대 후반은 외식업관련 각종 규제가 많아 속앓이가 많았던 시기다. 각종 규제들이 속출하여 이에 대한 개선의 목소리가 높았다. 이외에도 미성년 관련 법규, 심야영업제한 규제 등 다양한 규제책으로 외식업계의 어려움이 가중되었다.

(1) 합성수지용기 사용구제 도시락업계 전전긍긍

정부의 자원 재활용 촉진법 개정안이 도시락 업계에 파장을 일으켰다. 도시락 제조업체들은 '스티로폼으로 만든 일회용 도시락 용기에 대한 사용이 금지되면서 곧 문을 닫아야 할 처지에 몰릴 것'이라며 크게 반발하고 나서기도 했다. 도시락업계는 당시의 법 개정이 재활용 방향이 아닌 사용구제 방향이라며, 법의 형평성 결여와 합성수지 도시락 용기의 대체품 미비 등의 문제점을 지적하면서 대응했으나 큰 호응을 얻지 못했다.

(2) 방황하는 미성년 관련 법률

1997년 8월 대통령자문기구인 행정쇄신위원회에서는 미성년자 음주·흡연 허용 연령을 '18세 미만이나 고등학생 이하'로 조정하려던 당초의 개선안을 유보 했다. 그러나 미성년자와 관련해 외식업소에서 느끼는 문제점은 허용 연령이나 행정규제보다는 관리 관청이 관할 파출소, 경찰서의 소년계와 위생계, 구청의 위생과, 시청 위생과, 검찰 등으로 각기 분산돼 있다는 점이다. 청소년과 관련한 집중된 관할 관청이 존재하지 않아 오히려 더 비리의 불씨가 되고 있다는 지적이 많았다.

(3) 종이컵, 나무젓가락 등 일회용품 사용 금지

1999년 2월 22일부터 음식점과 유통점의 종이컵, 나무젓가락, 비닐봉투 등 일회용품 사용이 금지됐다. 하지만 일회용품을 90% 이상 회수하여 재활용하는 경우와 배달이나 포장 판매의 경우에는 일회용품 사용이 허용됐다. 당시 패스트푸드업체들은 일회용품 사용 규제에 대해 받아들이기 힘든 정책이라며 반발했고, 또 규제 위반으로 제재를 받더라도 규정을 지키기가 앞으로도 쉽지가 않을 것임을 밝혔다.

(4) 상가건물임대차보호법 제정

이 당시 부동산 업자나 건물주들의 횡포로부터 영세 임차인들의 권리를 보호하고 과도한 임대료 인상을 막기 위해 상가건물임대차보호법이 개정되었다. 또 기존 상가 임대료 인상 상한률을 12%에서 9%로 낮췄다.

(5) 1인 이상 전 사업장에 고용보험 적용

고용보험제도도 이 당시 바뀌었다. 지난 1995년 상시근로자 30인 이상의 사업장에 적용되던 것이 1998년 1월 10인 이상 사업장에 적용되었고, 3월에는 종업원 5인 이상으로 확대되었으며, 10월 1일을 기점으로 1인 이상의 전 사업장으로 확대했다. 특히 정직원이 아닌 일용직과 파트타이머까지 고용보험을 적용해야 해 업주들의 심리적 부담 또한 크게 증가했다.

5) 2000년대 초반 솥뚜껑 시위 등 생존을 위한 몸부림

새천년에 들어서면서부터 외식업 관련 제도들이 자리를 잡아가기 시작했다. 외식업 종사자들도 불합리한 제도에 대해서는 대규모 집회도 불사하는 등 외식업 환경 개선에 능동적인 태도를 보이기 시작했다.

(1) 외식업계 금·흡연 구역 운영

2003년 보건복지부는 '전 국민 건강보장 실현'을 위해 병원, 어린이집, 유치원, 초·중·고교시설 전체를 금연시설로 지정·공포했다. 일반·휴게음식점(식당, 다방, 패스트푸드, 제과점 19만2670개소) 등 45평 이상의 영업장에는 전체면적 가운데 1/2 이상을 금연구역으로 지정하도록 했다.

(2) 산업연수생 제대 폐지 고용허가제 도입

2003년 노동부는 산업연수생 제도를 폐지하고 고용허가제를 도입했다. 정부는 외국인 근로자는 내국인과 똑같이 노동 3권이 보장되며, 3월 말 강제출국 대상인 15만7000명의 불법체류자의 출국기한을 일괄적으로 유예했다. 사업주들은 직업안정기관에 구인신청을 한 뒤

1개월 이상 내국인을 고용하려는 노력을 했으나 실패한 경우에 한해서 외국인 근로자를 쓸 수 있도록 했다. 당장 고용 인력이 턱없이 아쉬운 외식업계 현장에서는 조선족 등 외국인들은 식당 운영에 이미 없어서는 안 될 중요 인력으로 자리 잡고 있는 현실에서 반가운 소식이 아닐 수 없었다.

한편 고용허가제가 시행되었지만 시작부터 삐걱거려 제도 장착까지는 더 많은 시간이 소요될 전망이라는 기사가 잇따라 나왔다. 단 1명의 외국인을 채용하더라도 여러 단계의 절차를 거쳐야하는 복잡함 등 현실성이 떨어지는 제도 조항으로 문제에 직면했던 것이다.

(3) 외식업계 PL법 시행에 따른 대책 마련 시급

2000년 7월 1일부터 PL(Product Liability)법, 즉 제조물 책임법이 시행됨에 따라 외식업계에서도 대책 마련에 촉각을 곤두세웠다. 이전까지는 소비자들이 제품의 결함으로 인해 피해를 입은 경우 민사소송을 통해 제조업체의 과실로 제품의 결함으로 인한 손해가 발생했다는 인과관계에 대해 입증을 해야만 했으나, 이 법이 도입됨으로써 제품의 결함으로 피해를 입었다는 사실만 주장하더라도 배상을 받을 수 있게 돼 소비자 피해 구제가 대폭 확대되었다.

6) 2000년대 후반 글로벌 금융 위기 노출

대내외적인 악재가 이어지면서 외식업계는 웬만한 악재에는 눈 하나 깜빡하지 않을 정도로 내성이 생기기 시작했다. 그 속에서도 경영환경 개선을 위한 희망적인 움직임은 지속되었다.

(1) 촛불집회로 외식업소 직격타

2003년 광우병 파동으로 인해 수입이 중단되었던 미국산 쇠고기가 금수조치 이후 약 3년 만인 2006년 국내에 들어왔다. 그러나 검역 결과 뼛조각이 검출돼 '한미 쇠고기 수입위생조건'에 맞지 않아 반송 폐기되기도 했다. 한편 미국산 쇠고기 수입 재개에 대한 기대가 커지면서 2006년에는 저가 쇠고기 프랜차이즈가 유망업종으로 부상, 한때 20여 개에 달하기도 했다. 그러나 KBS스페셜 '얼굴 없는 공포 인간광우병' 방송직후 국민들의 70% 이상이 미국산 쇠고기가 수입되어도 절대 먹지 않겠다고 밝히면서, 시민단체들의 수입 반대 요구도 거셌다.

이로 인해 2008년 5월 미국산 쇠고기 수입 재개 협상에 반대의사를 표시하는 학생과 시민들이 100여 일이 넘게 촛불시위를 벌이기도 했다.

(2) 쇠고기 원산지표시제 시행

식품위생법 개정으로 2007년 1월부터 음식점 식육 원산지표시제도가 의무화됐다. 이에 따라 영업장 면적이 300㎡(약 90평) 이상인 중대형 음식점 중 갈비나 등심 등 쇠고기 구이류를 조리·판매하는 식당에 대해 식육 원산지 표시제에 따라 한우·젖소·육우를 병행 표시하고 수입산 쇠고기는 수입 국가명을 표기하도록 했다.

(3) 정보공개서 등록 '갈팡질팡'

2008년 8월 4일부터 프랜차이즈 사업을 하는 가맹본부는 공정거래위원회에 정보공개서 등록을 해야 했다. 그러나 공정위에 정보공개서 등록은 미비했고 정보공개서 접수를 한 업체들도 서류상의 내용 불충분으로 등록이 완료되지 못한 경우가 많았다.

공정위 측에서는 가맹본부가 접수한 정보공개서 내용이 부실하다는 입장이었으며 가맹본부들은 공정위의 기준이 너무 까다롭다고 신경전을 벌이기도 했다. 현재는 프랜차이즈업체들의 정보공개서 등록이 자리 잡았다.

(4) 국제 곡물가 파동으로 식자재 가격 고공행진

2008년 미국의 부동산 시장 버블이 꺼지면서 글로벌 금융위기가 시작되었고 우리나라도 그 여파로 경기 침체를 맞았다. 이에 따라 국민 소비가 급감하면서 외식산업 환경도 급속히 냉각된데 이어 국제 곡물가 인상에 따른 식자재 가격의 인상으로 외식업계가 휘청거렸다.

7) 2010년대 초반 경기침체에 따른 외식업경기 하락

국내외 경제가 저성장시대에 접어들면서 소비심리가 침체돼 고객들이 점차 '가성비'를 중요하게 생각하며, 외식업체에도 매출과 규모의 양극화가 극명하게 나타났다. 세월호 침몰과 일본 방사능 오염수 유출 등 외부환경과 서비스업 중소기업적합업종 지정, 원산지 표시 확대, 음식점 전면금연 등 규제가 강화되면서 경쟁력을 갖춘 외식업체들은 해외진출을 모색하기에 이르렀다.

(1) 음식점 전면 금연 실시

음식점에서 담배를 피우는 것은 말 그대로 '호랑이 담배 피던 시절'이 되었다. 2015년부터는 모든 음식점과 제과점, 커피숍이 금연구역으로 확대 지정되어 음식점에서 흡연이 원칙적으로 금지됐다. 옥내에 흡연실을 설치할 경우 담배 연기가 실내로 유입되지 않도록 유리벽 등으로 실내와 완전히 차단, 밀폐하고 환풍기 등 환기시설을 설치하도록 했다. 금연구역인 업소 내에서 담배를 피우다 적발될 경우 손님은 과태로 10만 원, 음식점 업주에게는 1차 170만 원, 2차 330만 원, 3차 500만 원의 과태료가 부과되도록 하였다.

(2) 의제매입세액 공제율 상향 조정

2013년 부가가치세 의제매입세액 공제대상에서 법인사업자를 제외하고 연간 500만 워 한도로 세액공제를 제한하는 내용의 부가가치세법 시행규칙 개정안이 입법 예고되면서 한국외식산업협회를 비롯한 10여 개 한국외식관련단체들이 비상대책위원회를 구성, 의제매입세액 공제대상 축소 및 한도 설정 등에 대한 대응 방안을 마련했다.

결국 2014년 의제매입세약은 1억 원 이하 60%, 1~2억 원 50%, 2억 원 초과 40%의 공제율이 적용됐다. 한편 2015년에는 농수산물 의제매입세약공제한도가 상향 조정돼 6개월 매출기준 1억 원 이하 60%, 1~2억 원 55%, 2억 원 초과 45%로 한시 적용했다.

공제해주는 농산물 구입비 한도가 늘어나는 만큼 음식점의 세부담은 줄어든다.

(3) (주)놀부NBG 국내 프랜차이즈 기업 최초 사모펀드에 매각

2011년 11월 최대의 한식 프랜차이즈 기업인 (주)놀부NBG가 국내 프랜차이즈 기업으로는 최초로 사모펀드인 '모건스텐리프라이빗에쿼타아시아'에 지분을 매각했다. 이후 사모펀드에 매각된 외식프랜차이즈는 2013년 치킨 프랜차이즈 BHC가 씨티그룹에, 할리스커피는 IMM에 매각되었고, 2014년 크라제버서는 나우 IB개피탈에 가각 매각되었다. 또 두산그룹에서 도입한 버거킹과 KFC가 각각 보고펀드와 CVC에 매각되었다.

(4) 외식산업진흥법 시행령 제정

2011년 9월 국내 외식산업을 체계적이고 종합적으로 육성 지원할 수 있는 기반을 마련한 「외식산업진흥법시행령」이 통과됐다. 농림수산식품부는 외식산업의 인프라 구축과 경쟁력 강화 등 육성 시책을 포함한 외식산업진흥기본계획을 수립, 외식산업의 지속성장을 유도하기 위한 법률 시행령을 제정했다. 이에 따라 외식산업 전문 인력 양성기관을 지정해 교육과정 개발 및 운영에 필요한 비용을 지원받게 되었으며, 우수외식업지구 지정을 통해 외식산업 활성화를 꾀하고 있다. 현재 우수 외식업지구는 전주 한옥마을, 대구시 수성구 들안길 먹거리타운, 경남 함양읍 건강100세 음식특구, 강원도 평창군 효석문화메밀마을, 경기도 안산시 전통음식거리 댕이골 등 12곳이 지정됐다.

(5) 범 외식인 10만인 결의대회

2011년 10월 18일 높은 카드수수료에 뿔이 난 전국의 외식업 경영주들이 한자리에 모여 분노의 함성을 토해냈다. (사)한국외식업중앙회 주최로 열린 '범외식인 10만인 결의대회'에 참석한 외식업 경영주들은 일반음식업종 카드 수수료 1.5% 이하 인하, 여신전문금융업법 독소 조항 개정, 의제매입세액공제율 일몰제 폐지 및 영구법제화, 외국인 근로자 고용정책 개선 등을 요구했다. 이날 집회에는 박근혜 당시 한나라당 전대표와 국회의원 90여 명이 참석해 정치권에서도 높은 관심을 보였다.

8) 2010년대 후반 외식업 경기도 침몰

2014년 4월 세월호 침몰 참사 여파로 국내 내수경기가 침체되면서 외식업 등 서민형 자영업의 매출이 심각하게 침몰했다. 한국외식업중앙회에 따르면 세월호 참사 이전(4월 1~15일)에는 지난 2014년 같은 기간 보다 4.1%의 소폭 성장세를 보였다가 참사 이후(4월

16~30일)에는 -7.2%의 매출 감소세를 보였다. 특히 세월호 참사 후 모임 등이 줄어들면서 저녁시간 주류를 판매하는 외식업계의 경우 사고 발생 전후 대비 매출이 최대 50% 가까이 급감한 것으로 조사됐다.

현대경제연구원도 '세월호 충격이 서민형 자영업자에 집중'이라는 보고서를 통해 외식업 부문은 세월호 참사 이진(4월 1~15일)에는 지난해 같은 기간 보다 12.7% 성장했지만, 참사 이후(4월 16~30일)에는 7.3%로 증가세가 둔화됐다고 진단했다.

(1) 일본 방사능 오염수 유출에 따른 수산물 소비 급감

2013년 일본 원전의 방사능 오염수 유출에 따른 불안감으로 국내 수산물의 소비가 급감하면서 수산물 하락으로 어업인은 물론 수산물을 취급하고 있는 유통업체, 대형 도매시장, 외식업소들도 폐업을 하는 곳이 속출했다. 일본 후쿠시마 방사능 오염수 유출로 인해 국민들의 수산물 선호도도 바뀌었다. 연근해 수산물인 명태, 생태 등의 선호도는 급감한 반면 원양수산물인 연어, 랍스타, 노르웨이산 고등어 등의 선호도는 높아졌다.

(2) 법정근로시간 단축으로 인력난 가중

IMF를 기점으로 가장 크게 성장한 것이 단체급식이다. 혹독한 경제적 어려움으로 인해 직장인들은 외식이 아닌 회사 구내식당으로 발길을 돌렸다. 당시 직장인 점심값이 외식의 경우 4000~6000원대인데 반해 구내식당은 2000~3000원의 저렴한 가격으로 한 끼를 해결할 수 있어 직원식당을 선호하는 회사원들이 급증했다.

이 틈을 타 대기업들이 계약사의 위탁운영을 기반으로 단체급식 사업에 본격적으로 뛰어들면서 급식산업이 양적·질적으로 급성장하는 계기가 되었다.

(3) 서비스업 중소기업 적합 업종 지정

2011년 9월 영세자영업자들을 보호한다는 목적으로 동반성장위원회에서 1차 16개 식품에 대한 중소기업적합업종 지정을 하면서 외식업계에까지 그 여파가 미쳤다. 대중소기업의 양극화 해소와 중소기업의 자생력 강화를 목적으로 시행한 중기적합업종 지정은 수많은 논란을 빚은 끝에 2013년 2월 동반성장위원회에서 제과와 외식업종을 서비스업 중기적합업종으로 선정했다. 이에 따라 중기적합업종에 지정된 대기업은 연면적 2만㎡(6050평) 이상 복합다중시설이나 지하철역 출구로부터 반경 100m 이내에만 출점할 수 있다. 하지만 대기업이라도 본사와 계열사가 소유하고 있는 건물에는 자유롭게 출점할 수 있도록 예외조항을 둬 마찰을 줄였다.

2. 장기불황 속 생존 전략, 새로운 트렌드 창출

2010년을 기점으로 악화된 국제 경기는 국내 경기에도 악영향을 미쳐 불황이 장기화되었으며 2015년 이후 불황 속 '스몰럭셔리'를 추구하는 경향은 국내 디저트 시장의 빠른 성장을 불러일으켰다. 한편 계절밥상, 올반, 자연밥상 등 대기업에서 운영하는 한식뷔페가 외식산업의 또 다른 카테고리로 등장, 인기를 얻고 있는데 그 년대별 트렌드를 요약하면 다음과 같다.

1) 1986~1990 산업 형성기, 新 업종·업태의 출현

86아시안게임과 88서울올림픽의 효과로 1980년대 후반 국내 외식업은 8조 원 규모의 대형 시장으로 성장하며 '산업'으로 자리매김했다. 해외 유명 프랜차이즈가 국내에 진출을 시작한 시기였으며 맥주 회사의 주도로 생맥주 활성화를 위한 호프체인점이 등장했다. 이

밖에 '전문점' 형태가 창업 아이템으로 주목받았으며 인구증가, 핵가족화로 도시락 시장이 성장하기 시작했다.

(1) 해외 유명 패스트푸드 브랜드 등장

1988년은 해외 유명 브랜드 및 로컬 브랜드가 국내 외식시장에 출시되어 혁신을 가져온 해였다. 이 중에서도 맥도날드, 롯데리아 등을 필두로 햄버거, 즉 패스트푸드시장이 활성화되기 시작했다.

(2) 호프체인점 등장, '전문점' 시대

당시 국내 맥주시장을 장악하고 있던 동양맥주와 조선맥주에서 생맥주의 활성화를 위해 1989년 후반부터 개설하기 시작한 호프체인점이 전국적으로 400여 개가 되면서 새로운 외식 업태로 자리 잡았다.

1980년대 중반부터 1990년대 초반까지 털보네국수, 국시리아, 장터국수 등의 면류전문점이 급신장하고 돈가스전문점 가스가, 추어탕전문점이 주목을 받았다.

2) 1991~1995 패밀리레스토랑 등 가족외식 대중화

88올림픽 이후 해외 유명 외식브랜드들이 물밀듯이 들어옴에 따라

1990년대는 외식산업의 고도성장기를 구가하는 시기였다. 그 속에서 1990년대 초반은 패스트푸드, 피자, 패밀리레스토랑, 커피전문점이 자리를 잡아가고 프랜차이즈 산업 또한 활발하게 성장했다.

(1) 커피전문점 최대 인기

1993년에는 커피전문점이 큰 이슈였다. 닌다랑, 자뎅, 미스터커피, 도토루커피 등 50여 개의 커피 체인 브랜드가 치열한 경쟁을 벌였으며 서울 시내 위치했던 9,500여 개의 다방 시장을 잠식해갔다. 1993년 중반에는 테이블에 전화기를 설치해 놓은 커피전문점이 반짝 인기를 누렸다.

(2) 피자, 업계 유망주로 등장

1990년대 초반부터 매년 100% 이상의 매출 성장을 일군 피자시장은 1994년에는 3500억 원의 규모로 성장했다. 이후 피자익스프레스 등 소형 매장 브랜드들이 우후죽순 생겨나기도 했다.

(3) 쇠고기 뷔페 히트

1990년대 초 최고의 히트 아이템은 쇠고기 뷔페였다. 1인당 4000원에 마음껏 고기를 먹을 수 있는 쇠고기 뷔페는 전 연령층에게 사

랑을 받았다. 쇠고기 외에도 사슴, 멧돼지, 토끼, 칠면조까지 다양한
육류를 취급했다.

(4) 新패스트푸드 업태 등장

패스트푸드 호황으로 피자, 햄버거, 아이스크림, 통닭 등을 다양하
게 선보이는 새로운 패스트푸드 업태가 트렌드로 부상했다. 햄버거
메뉴에 한정되는 기존 패스트푸드류가 간식에 그친다는 점을 극복하
기 위해 식사용 메뉴를 보강한 것이다. 대표적인 브랜드는 굿후렌드,
포커스랜드, 코넬리아, 아톰플라자, 해피타임 등으로 각 업체마다 개
성을 살린 다품종 메뉴 전략으로 고객 유치 경쟁을 보였다.

(5) 대형 한식당의 전성기

1990년대에는 대형 식당들의 입지가 단단해지는 시기였다. 특히
서울 강남 지역에는 삼원가든, 늘봄공원, 한우리, 대원 등 강북 지역
에는 고향산천, 용수산, 라브리 등이 접대, 가족외식 등의 공간으로
전성기를 맞이했다.

3) 1996~2000 IMF로 토속음식점, 가격파괴 메뉴 붐

IMF를 계기로 국내 경기가 침체되고 외식업계는 아마추어 창업자들이 한꺼번에 유입되면서 경쟁은 과열되었다. 인기를 얻었던 업종이나 업태는 대부분 반짝 유행에 그쳤다. 피자뷔페, 탕수육 전문점, 일식우동, 푸드코트 형식의 음식백화점, 조개구이, 참치회, 칡냉면, 일식 돈가스 전문점, 북한음식 전문점 등이 트렌드로 시장에 진입했다가 잠깐 호황을 누리고 대부분 사라졌다.

(1) 에스프레소 커피와 테이크아웃 문화

1999년 7월 미국 에스프레소 커피 브랜드 스타벅스가 국내 론칭, 이화여대 인근에 1호점을 오픈했다. 이는 국내 에스프레소 커피시장 확대의 물꼬를 트는 계기가 되어 이후 할리스커피, 커피빈&리프, 이디야, 시애틀즈 베스트 커피, 자바커피(現 엔제리너스), 자바시티, 털리스 등 40여 개의 국내외 에스프레소 커피 브랜드들이 각축전을 벌였다. 이와 함께 써브웨이, 퀴즈노스, 리나스, 꽁떼스 뒤바리 등 고급 샌드위치전문점들이 오피스타운을 중심으로 붐을 일으켰고 간단한 간식류를 제공하는 델리숍, 테이크아웃전문점 등이 트렌드를 형성했다.

(2) 자멸을 가져온 가격파괴

1997년 IMF로 인해 외식업계도 매출 하락을 면치 못했다. 많은 기업들이 무역수지 적자, 명예퇴직, 경영악화로 인한 회식비 및 접대비를 절감했고, 밖으로 내몰린 퇴직자들 중 대다수가 외식업에 뛰어들었다. 불경기와 외식업소 수 증가로 인한 과다 경쟁 등을 타개하기 위해 내세운 당시 전략은 '가격파괴'였다. 무조건 가격 파괴 전략을 내세우다 수익성 악화를 면치 못해 도산, 폐점하는 업체들이 많았다.

(3) 퓨전 vs 토속음식점

1990년대 외식산업의 키워드는 퓨전이었다. 시안, 궁, 그랜드하바나, 와사비비스트로 등 외식업계에 센세이션을 일으켰다. 동시에 토속음식점이 3040세대 직장인 고객들에게 인기였다. 한정식 메뉴 외에 콩비지찌개, 손두부, 산채정식 등 7000~8000원 대 일품 음식으로 직장인들의 점심시간을 공략한 시골집, 싸릿골, 토담골, 토방, 녹야원, 감자바우, 산채전문점 풀향기, 향토생활관 산채, 장독대, 산촌 등이 강남 일대 대형빌딩가를 중심으로 인기를 얻었다.

(4) 국내·외 아이스크림 브랜드 난립

1994년부터 모습을 드러내기 시작한 아이스크림전문점은 1996년 20여개 업체가 치열한 경쟁을 벌일 정도로 부상했다. 코니아일랜드, 베스킨라빈스, 하겐다즈, 데어리퀸, 쓰리프티, 스위티스팟, TCBY, IC-BY, 해리앤캘리, 잭앤질, 미코 등의 브랜드가 난립했다.

(5) 파스타전문점 업계 다양화에 기여

1992년 소렌토를 시작으로 1990년대 후반에는 파스타전문점이 본격적으로 등장했다. 소렌토 외 스파비, 비스, 아지오, 파스타12, 올리베토 등 1세대 파스타전문점에 이어 삐에뜨로, 빠스또레, 스파게띠아 등의 파스타전문점이 오픈하면서 고급화, 대중화를 이뤘다. 당시 미트소스스파게티와 김치, 불고기 등 한국인의 입맛에 맞게 변형된 파스타가 인기를 얻고 있었는데 파스타전문점이 활성화되면서 해물과 토마토소스를 곁들인 해물스파게티, 크림스파게티 등 정통에 가까운 맛으로 젊은층이 선호하는 인기 메뉴로 거듭났다.

4) 2001~2005 양보다 질 추구, 가치 기준의 변화

2003년에는 광우병과 조류독감 파동이 업계의 심각한 불황의 요인으로 작용했다. 쇠고기전문점과 닭, 오리전문점들의 매출은 80~90% 까지 하락했다.

(1) 1990년대 이어 '매운 음식', '저가' 성황

불황마다 외식시장은 매운 음식과 저가 메뉴 전문점 등이 성황을 누린다. 2000년대에도 불닭, 매운 갈비찜 등의 메뉴가 유행했다. 주점업계도 상황은 비슷해 저가 주류 프랜차이즈들이 인기를 누렸다.

이와 대조적으로 2003년에는 하우스 맥주전문점이 직접 제조한 맥주를 내세워 주점 시장을 공략했으나 한잔에 7000~8000원 하는 고가의 하우스 맥주를 즐기는 고객층은 한정되어 있어 대부분 폐점했다.

(2) 이자카야 등장, 주점 업계 변화

일본식 선술집인 이자카야가 등장해 선풍적인 인기를 얻었다. 이태원 천상이 그 시초라 할 수 있다.

기존의 주점이 술을 중심으로 안주가 부수적인 메뉴 역할을 했던 것과 달리 이자카야는 안주의 비중을 높여 소비자들을 공략했다. 일본의 이자카야가 저렴한 동네 작은 술집의 개념이었다면 국내에서는 오히려 일반 주점에 비해 조금 비싸고 고급스런 느낌이 강했다. 그러나 곧 비슷한 이자카야 업소와 브랜드들이 난립하기 시작했고 시장이 혼탁해져 롱런하지 못했다.

(3) 가치소비, 웰빙 등으로 양극화 현상

가격, 품질 등 개인마다 중요시하는 가치를 충족시키고자 하는 소비 성향으로 양극화 현상이 초래됐다. 또한 '잘 먹고 잘 사는 법'이 생활 깊숙이 파고들면서 먹을거리 역시 육류보다는 채식, 유기농의 인기가 높아졌으며, 이는 외식시장에 약선요리전문점, 샐러드바, 두부요리전문점, 요거트전문점 등의 부상으로 반영되었다.

(4) 물오른 테이크아웃 시장

백화점 식품 매장을 중심으로 테이크아웃 전문 매장들이 급속하게 늘어났다. 양식뿐만 아니라 일식, 중식, 한식, 멕시코요리 등 메뉴가 다양화되었고 패스트푸드점에서는 드라이브 스루 매장 확대나 테이크아웃용 별도 창구를 마련했고 패스트푸드형 중식이나 비빔밥 업소 등 포장용기를 개발해 테이크아웃을 강화한 업태들이 등장했다. 갈비전문점들이 양념갈비나 김치를, 설렁탕전문점에서 국물포장용기를 개발해 포장 판매 하는 등 기존 음식점들도 매출활성화 방안으로 포장판매를 강화해 매출 증대의 방안으로 활용했다.

5) 2006~2010 외식산업 아이템별 질적 성장 진입

2000년대 후반은 저도주를 선호하는 추세가 확산되면서 소주보다는 와인 또는 소위 사케라 불리는 일본 술을 즐기는 소비자가 늘어났다. 2007년 무스쿠스로 시작된 시푸드 뷔페 시장이 급속도로 팽창했다 원가 부담으로 사그라 들었으며, 정부의 한식세계화 정책으로 막걸리 전문점과 뉴코리안 다이닝 등으로 한식이 성장하는 시기이기도 했다.

(1) 버거, 샌드위치시장 확대

20~30대 초반 고객층을 중심으로 '빵도 주식이 될 수 있다'는 주식에 대한 개념 변화, 일 이외 다양한 여가활동을 즐김에 따라 간편하고 빠르면서도 맛있게 먹을 수 잇는 식사를 원하는 욕구 등이 버거 및 샌드위치 시장을 확장시켰다.

크라제 버거, 퀘즈노스서브, 오봉팽, 당시 프레쉬니스버거, 리나스 등 전문점 형태를 비롯해 파리크라상 카페, 아티제 등 델리카페도 등장했다. 이후 스모키살룬, 버거프로젝트, 트리플 오, W버거, 칠리킹 등 수제버거전문점 등이 브랜드별 차별화를 꾀하며 성장했다.

(2) 저가 전략으로 인기얻은 육회, 부속고기

부속고기전문점은 등심 등 선호 부위에 비해 저렴한 단가로 식자재를 수급해 수익성을 확보하는 한편 메뉴의 전문화, 저렴한 가격 전략으로 고객에게 어필했다. 특히 육회의 경우 기존의 고급 메뉴 혹은 사이드 메뉴라는 인식에서 벗어나 1만 원대 저렴한 가격 아이템으로 인기를 얻어 히트 창업 아이템으로 떠오르기도 했다.

(3) 이자카야의부활

2000년대 초반 등장한 이자카야는 그것을 표방한 업소들이 우후죽순 등장하면서 단시일에 인기를 얻었지만 결국 유사 업체의 난립으로 그 특성이 모호해지면서 사라진 전력이 있다. 그러나 이 시기 이자카야들이 다시 급부상했는데 쇼부와 하이카라야가 대표적인 예다. 술보다는 안주를 위주로, 더 나아가서는 식사까지 겸할 수 있는 '실속'을 콘셉트로 수십 가지의 메뉴와 일본풍 인테리어로 고객들에게 어필했다.

(4) 디저트, 로스팅 카페 문화 확산

스타벅스, 커피빈 등 에스프레소 커피 브랜드를 통해 커피 문화가 대중화되면서 로스팅하우스, 핸드 드립 등 보다 전문화된 커피전문점이 등장했다. 이와 함께 20대 여성고객을 중심으로 디저트 열풍이 불기 시작, 초콜릿, 와플, 컵케이크 등 단일 아이템의 디저트를 전문으로 하는 카페가 홍대, 이대, 압구정동 등 트렌디한 상권을 중심으로 확산되었다.

(5) 국수, 라멘 등 면요리 아이템 히트

불황기 안정적인 수익을 노린 소자본 창업희망자들의 증가로 2000~3000원대 저렴한 국수가, 젊은층을 중심으로 일본음식문화가 자연스럽게 확산됨에 따라 일본식 라멘 전문점이 2007년부터 2009년 중반까지 히트를 쳤다.

(6) 뉴 코리안 다이닝, 막걸리 등 한식 성장기

2000년대 후반 한식의 세계화를 내세운 정부 정책을 기반으로 한식이 업계 주목을 한몸에 받았다. 더불어 막걸리가 일본을 중심으로 세계의 관심을 받으며 한국을 대표하는 아이콘으로 자리매김했다.

(7) 시푸드뷔페의 무서운 속도전

2007년 국내 외식시장에 시푸드뷔페가 무서운 기세로 돌진했다. 2004년 12월 역삼1호점을 오픈한 무스쿠스를 필두로 2006년 3월 美

스시&시푸드뷔페 토다이의 국내진출에 이어 CJ푸드빌(주)의 시푸드 오션 및 피셔스 마켓, (주)신세계푸드의 보노보노, (주)제너시스의 오션스타, (주)이야기있는외식공간의 마리스꼬 등 대기업 및 중견 외식 업체들까지 시푸드뷔페 시장에 뛰어들면서 급속한 외형성장을 했다.

그러나 이들 대부분이 식자재 원가 부담과 일본 원전 사태 이후 매출 하락 등을 극복하지 못하고 폐점을 단행하거나 일부 매장만 운영하고 있다.

6) 2011~현재 장기화된 불황과 악재 돌파구 마련

2010년대는 초반부터 구제역 확산, 이상기온으로 곡물·채소 가격 폭등 등 식재 관련 이슈로 업계는 시름시름 앓았다. 장기화된 불황에 2014년 4월 16일 세월호 사고까지 더해져 외식업계는 악재를 회복하지 못하고 하락세로 돌아섰다. 소비의 양극화 현상이 심화되었고 이는 한편으로 디저트시장을 확장시켰다.

(1) 식재료 파동, 구제역 확산 등 악재

2010년과 2011년은 식재료 파동, 채소 가격 폭등, 구제역 확산 등 식재료에 관련된 악재가 연이어 발생했다. 2009년 당시 업계 히트아이템이던 육회전문점은 2010년 4월 강화도를 시작으로 발생한 구제역을 기점으로 거의 소멸했다. 한파와 무더위 등 이상 기온으로 배추는 2만 원에 육박, 상추는 4kg 한 박스 8000원 선이었던 것이 최고 17만원까지 올랐다. 당시 프랜차이즈 업체를 비롯한 외식업계의 최대 화두는 원가를 잡는 것이었다.

2014년 초반 업계의 회복세를 기대할 무렵 4월 16일 세월호 사고가 발생, 다시 하락세로 들어갔다. 이후 좀처럼 회복되지 않는 경기로 음식점 폐점률은 날로 높아지고 있는 상황이다.

2015년 1월 1일부터 전체 음식점이 금연구역으로 지정되었다. 이것은 많은 외식 업태 중 특히 주점 업계에 큰 매출 타격을 주었다.

(2) 대형마트의 '통큰' 시리즈와 1만원대 피자

2009년 12월 롯데마트가 고품질 저가격을 5000원짜리 통큰치킨을 내세우며 출시했으나 불공정거래에 해당한다며 외식업계와 첨예하게 대응했고, 일주일만에 판매를 중단했다. 불황이 장기화되면서 합리적인 소비성향을 보이는 고객 트렌드에 맞추어 2011년 대형 마트의 1만원대 피자가 등장했고, 피자업계의 가격정책에 변화가 시작되었다.

(3) 고정관념 깬 콜라보레이션과 무료 샐러드바

화덕피자와 즉석떡볶이, 돈가스와 월남쌈, 문어숙회와 치킨, 김치찌개와 손짜장 등 어울릴 것 같지 않은 두 메뉴를 함께 판매하는 업소들이 늘어났다. 특히 화덕을 이용한 메뉴들이 많았다. 피자는 기본이고 족발, 치킨, 삼겹살, 꼬치구이, 생선구이, 호떡 등 다양한 메뉴에 화덕을 이용했다.

2013년 패밀리레스토랑에나 있었던 샐러드바가 모든 외식업종에 필수 아이템처럼 번졌다. 동종 아이템 간 경쟁이 심화되는 상황에서 샐러드바로 경쟁 우위를 점 할 수 있기 때문이었다. 10여 가지 메뉴로 구성됐던 샐러드바는 점차 경쟁적으로 중식, 한식, 파스타, 즉석전 등을 추가했다. 업종 중 샤브샤브전문점이 가장 눈에 띄게 샐러드바를 도입했으며 그 외 고깃집, 한식당, 중식당 등에서도 도입했다.

(4) 고객 소비 양분화, 디저트시장 가파른 성장세

2008년 3666개였던 커피전문점은 2015 기준 약 5배 증가한 2만여 개로 호황을 누렸다. 최근에는 스타벅스 리저브로 대변되는 스페셜티 커피와 맥도날드 맥카페로 대변되는 저가 커피로 시장이 양극화되고 있다. 불황이 장기화될수록 양분되는 소비성향 중 가치소비,

스몰럭셔리 등의 트렌드는 디저트를 타 업태에 비해 가파르게 성장시키고 있다. 이로 인해 몰과 백화점에서 국내외 유명 디저트 브랜드 유치에 열을 내고 있으며 해외 디저트 브랜드들의 진출이 늘었다.

(5) 원플레이트

2010년 이후 가격은 저렴하면서 푸짐한 양을 추구하는 캐주얼패밀리레스토랑의 등장으로 시장 판도가 변화하면서 '원플레이트(one plate)' 메뉴가 외식업계의 핫 트렌드가 됐다. 하나의 접시에 스테이크와 달걀프라이, 샐러드, 과일, 파스타, 필라프, 리소또 등 종류별로 다양한 음식을 담아내 보통 레스토랑의 2인분에 해당할 만큼 양은 많고 가격은 저렴한 것이 특징이다.

한가지 메뉴에서 다양한 음식을 맛보고 싶어 하는 고객들의 니즈를 반영해 선풍적인 인기를 끌었다.

(6) 패밀리레스토랑 지고, 한식뷔페 떠올라

2014년 기점으로 계절밥상, 올반, 자연별곡, 풀잎채 등의 한식뷔페가 떴고, 패밀리레스토랑은 쇠퇴하기 시작했다. 직거래를 통한 믿을 수 있는 식재를 전면에 내세운 점도 눈여겨볼 만하다. 1995년 국내에 진출한 토니로마스가 2014년 12월, 20년만에 철수했다. 또한 저가 메뉴로 대변되던 분식시장은 바르다김선생으로 시작된 프리미엄 김밥 경쟁이 가열되고 배달통, 배달의 민족, 요기요 등의 배달앱이 다수 등장했다. 최근에는 수수료에 대한 논란이 있기도 했다.

(7) 수제 맥주와 허니 바람

2014년 중순 이후 식품업계에서 빠르게 확장하고 있는 수입맥주시장은 외식업계에서 수제 맥주전문점으로 반영되었으며 개인을 중심으로 성장하던 수제 맥주시장에 대기업들이 하나씩 진출하면서 소자본 창업자들의 볼멘소리가 이어지고 있다. 화려해지는 메뉴들에 대한 반발로 등장한 '집밥' 키워드도 2015년에 이어 2018년에도 이어지고 있다. 2014년부터 2017년까지 식품 외식업계에서 가장 많이 회자된 식재는 '꿀, 허니' 다. 소프트리의 허니칩을 올린 소프트 아이스크림으로 시작된 꿀 트렌드는 2014년 말 해태제과의 허니버터칩으로 이어졌고 수많은 유사상품들을 만들어 내기도 했다.

(8) 외식기업의 사업 다각화 및 해외진출로 돌파구

2012년 원산지 표시 확대 및 강화, 금연구역 지정 등 엄격한 규제가 외식업계의 목을 죄어왔다. 업계 경쟁은 날로 심화되고 저조한 외식업경기지수 속에서도 내실을 강화하기 위한 자구책으로 외식기업들은 마케팅 전략이나 사업 다각화를 모색했다. 편의점, 마트에서도 저렴한 가격을 내세운 PB(Private Brand, 자체브랜드) 상품을 출시하는 등 전반적으로 식품, 외식, 유통업계간의 영역이 허물어지며 그 어느 때보다 브랜드 간 경쟁이 치열했다.

놀부도 공식홈페이지를 통한 이마켓, 군부대 납품, 편의점 유통 등의 제품을 출시하는 등 외식기업들이 브랜드 인지도와 신뢰를 기반으로 식품, 유통으로 사업을 다각화하기 시작했다.

2013년 중기적합업종으로 신규출점이 제한된 베이커리·디저트 업계 역시 해외출점을 강화했고 국내 성장이 주춤하던 치킨업계는 K-food, 한류를 바탕으로 해외 진출, 특히 동남아로의 진출이 활발하다.

3. 생존을 위한 식(食)에서, '외식문화' 로 진화

국내 외식산업은 메뉴개발에 있어서 '더는 새로울 것이 없다' 는 말이 무색하게 꾸준히 트렌디한 메뉴를 선보이며 발전에 발전을 거듭하고 있다.

소비자의 니즈가 까다로워지면서 메뉴의 다양성이 요구되는 현재, 이에 맞춰 발 빠르게 진화하고 있는 외식산업 메뉴의 변천은 매우 빨랐다.

1) 1960~1985 식문화 침체기, 밀가루 메뉴 도입

1960년대는 6·25 전쟁 후 식량자원의 부족으로 전 국민이 식량난을 겪었던 시기다. 이때 1960년대 미군 부대에서 나온 식재료로 만든 부대찌개가 처음 선보였고 미국의 밀가루 원조로 중국음식점이 눈에 띄게 증가했다. 1970년대 들어서는 값싸고 든든한 닭갈비가 인기를 얻기 시작했으며 떡볶이와 같은 규모가 작은 분식 메뉴들이 확산하면서 밀가루 중심의 메뉴들이 도입됐다.

(1) 자장면

중국 베이징과 산둥 지역에서 삶은 면에 볶은 면장과 각종 채소를 얹어 비벼 먹는 '중국식 자장면'이 아닌 여러 가지 다진 채소와 돼지고기 간 것을 넣고 춘장을 좀 더 묽게 만든 '한국식 자장면'이 보급됐다. 양도 많고 빨리 만들어 싼값으로 제공하면서 선풍적인 인기를 끌었다.

외식 메뉴가 점차 다양화되면서 그 열기가 다소 식기는 했지만 여전히 대중적인 서민메뉴로 인기를 얻고 있다.

(2) 닭갈비

1970년대 들어 춘천의 번화가 명동 골목을 중심으로 유명해지기 시작한 닭갈비는 휴가 나온 군인, 대학생들에게 값싸고 배불리 먹을 수 있는 메뉴로 주목받았다. 춘천에서 닭갈비가 발달한 배경 중 하나는 이 지역에 양계(養鷄)가 성해서 도계장이 많았기 때문이다. 닭갈비는 지금도 그 맛과 양을 비교하면 가격이 저렴하지만 70년대 초에는 닭갈비 1대 값이 100원일 정도로 저렴했고, 그래서 '대학생갈비', '서민갈비'로 불리기도 했다.

(3) 부대찌개

6·25 전쟁 직후 음식점들이 의정부시에 주둔하던 미군 부대에서 나온 핫도그, 깡통에 든 햄과 소시지, 고춧가루와 마늘 등을 넣어 우리식으로 얼큰하게 국물을 내면서 유명해진 찌개다. 부대찌개는 라면, 국수사리, 흰떡 등을 푸짐하게 넣고 즉석에서 끓여 먹을 수 있어 한 끼 식사로 충분해 배고픈 그 시절 선풍적인 인기를 끌었다.

(4) 떡볶이

누구나 즐겨 먹는 간식거리인 떡볶이는 원래 임금님이 즐겨 먹던 귀한 음식이었다. 고추장 대신 간장 양념을 한 궁중떡볶이가 1970년 대 들어서며 고추장과 설탕을 넣어 매콤달콤한 맛을 내는 분식형 떡 볶이로 발전하게 됐다. 이와 함께 각종 튀김, 달걀, 만두, 쫄면, 라면 등과 함께 물을 부어 냄비에 끓여 먹는 즉석 떡볶이의 인기도 높아 졌다.

2) 1986~1990 햄버거, 피자 중심의 시장 확대

1980년대 접어들어 햄버거, 피자, 핫도그, 프라이드치킨 등의 패스 트푸드가 젊은층을 중심으로 수요가 늘어나기 시작했다. 세계적인 브랜드 맥도날드와 피자헛이 국내에 입성하며 상당수 고객을 확보했 다. 1980년대 중반에는 저렴하고 가볍게 먹을 수 있는 국수전문점 붐이 일었는데 장터국수를 시작으로 면 전문점들이 우후죽순 등장하 면서 1988년까지 40%의 급성장을 기록했다.

(1) 국수

1980년대 중반부터 국수가 새로운 인기메뉴로 떠올랐다. 밀가루로 만든 밀국수, 메밀가루로 만든 메밀국수, 감자녹말로 만든 당면 등 재료에 따라 그 종류가 다양해 더욱 사랑받았다. 반죽한 면을 가는 끈 모양으로 만들어 가열한 생면은 쫄깃한 맛과 담백한 국물이 어우러져 그 맛이 일품이었다.

(2) 햄버거

올림픽 이후 맥도날드의 도입으로 본격적인 햄버거 시대가 열렸다. 1980년대 중·고등학생들의 미팅은 주로 햄버거와 콜라를 먹으면서 이뤄질 만큼 햄버거의 새로운 맛에 매력을 느낀 젊은층, 어린이들에게 인기를 얻으며 인지도를 높였다.

(3) 피자

1985년 미국 피자헛의 상륙으로 국내 시장에 피자가 본격적으로 소개됐다. 이후 '피자인(85)', '쉐이키스피자(89)' 등의 해외 브랜드가 상륙해 강남을 중심으로 영업을 개시했다. 당시에는 팬을 이용해서 빵을 두껍게 굽는 '팬(pan)피자', 크러스트가 얇은 '신(thin)피자', 이탈리아 피자인 '스크린 피자'가 인기였다.

(4) 프라이드치킨

우리나라 대표적인 국민 메뉴라고 할 수 있는 치킨. 1977년 국내 최초의 치킨 프랜차이즈 '림스치킨'의 등장으로 닭튀김이 급속히 퍼졌고 1984년 미국계 대형 프랜차이즈 브랜드 KFC가 서울에 진출하면서 닭튀김을 현재의 '치킨'으로 부르기 시작했다. 이후 국내 치킨 브랜드가 잇따라 생겨나면서 프라이드치킨은 남녀노소 누구나 즐겨 먹는 국민메뉴가 되었다.

3) 1991~1995 돼지고기, 쇠고기 메뉴의 대중화

1992년부터 T.G.I 프라이데이스를 시작으로 판다로사, 스카이락, LA팜스 등의 패밀리레스토랑 브랜드가 대거 도입되면서 고객들은 파스타, 스테이크, 샐러드 등 다양한 메뉴와 색다른 분위기를 즐겼다. 돼지고기전문점이나 저렴한 쇠고기 뷔페들이 인기를 누렸고 1994년부터는 패스트푸드를 비롯해 보쌈과 같은 전통메뉴들도 출현했다.

(1) 우동

1991~1995년에는 규동, 우동, 로바디야끼 등 일본음식점이 많이 등장했던 시기였다. 유부를 넣은 '기쓰네우동', 새우 · 생선 · 채소

등의 튀김을 얹은 '덴뿌라우동', 솥에 넣어 끓이는 '가마아게우동', 냄비에 끓인 '나베야키우동' 등이 인기메뉴였다.

(2) 스테이크

일반적인 스테이크는 쇠고기의 어깨 부분부터 갈비, 허리, 허리 끝까지의 부위를 사용하는 것으로 고기를 석쇠에 올려놓고 직접 불에서 굽거나, 프라이팬이나 철판에 구워 먹는 형식이었다. 특히 '햄버그스테이크'가 인기를 끌었다.

(3) 쇠고기 뷔페

로스, 곱창, 주물럭, 사슴, 멧돼지, 칠면조 훈제, 토끼 등의 다양한 육류를 다루는 쇠고기 뷔페가 인기였다. 1인당 4000원을 내고 원하는 만큼 고기를 먹을 수 있는 쇠고기 뷔페는 남녀노소 불문하고 전 연령층의 사랑을 받았다. 이후에도 쇠고기 샤브샤브 뷔페, 샐러드 쇠고기 뷔페, 와규 뷔페 등 합리적인 가격에 푸짐한 양을 즐길 수 있는 업소들이 등장했다.

(4) 대패삼겹살

1993년 (주)더본코리아 백종원 대표가 실수로 고기를 슬라이스 해

우연히 개발하게 된 대패삼겹살은 다양한 쌈 채소와 함께 즐기는 건강 메뉴로 선풍적인 호응을 얻었다.

(5) 보쌈

보쌈은 돼지고기의 담백한 맛과 시원한 생김치의 맛이 어우러져 남녀노소 누구에게나 어필하는 육류메뉴이며 1990년대 초반 인기 외식 메뉴 반열에 올랐다. 서울 종로구에는 보쌈 골목이 생길 정도로 다양한 고객층에게 어필했다.

4) 1996~2000 IMF, 가격파괴 메뉴 속출

IMF의 여파가 가장 심했던 1998년, 외식업소 대부분은 매출 하락을 겪었으며 휴·폐업을 하는 업소도 부지기수로 나타났다. 이러한 시기에 외식업체들이 매출 하락을 방지하기 위해 내놓은 방안이 바로 '가격파괴'였다. 불고기 3500원, 자장면 1000원, 냉면 2000원 등 평소 가격의 반값도 안 되는 가격파괴 메뉴들이 속출하면서 불황기 외식시장을 이끌었다.

(1) 샤브샤브

샤브샤브가 1990년대 외식시장에 처음 등장했을 때는 고가의 고급메뉴로 포지셔닝한 상태였다. 육수에 다양한 채소, 쇠고기 등을 익혀 먹는 샤브샤브는 조리법이 담백하고, 건강에 좋은 식재료를 사용한다는 점 때문에 웰빙식으로 관심을 끌었다. 쇠고기는 물론 해산물, 버섯, 닭고기 등을 주재료로 여러 메뉴를 선보였다.

(2) 돈가스

돈가스는 돼지고기를 두툼하게 썰어 소금과 후춧가루를 뿌려 간을 한 다음 밀가루와 빵가루를 씌워 소량의 기름으로 지져내는 것으로 육류요리 중에서도 값이 비교적 저렴하고 영양이 풍부하다. 1990년대 말 돈가스전문점이 인기를 끌면서 자체 개발한 허브 소스 등 돈가스의 육질을 더 고소하게 살려주는 돈가스 소스도 개발됐다.

(3) 즉석 김밥

한국형 패스트푸드를 보여준 즉석 김밥의 인기가 90년대 중반부터 서서히 달아오르기 시작했다. 참치, 쇠고기, 김치, 치즈 등 속 재료를 넣고 밥을 넉넉히 넣어 크게 만든 김밥이 선풍적인 인기를 끌었다. 이후의 김밥은 '못난이김밥', '샐러드김밥', '캘리포니아 김밥', '황제김밥' 등 재료 구성에 따라 독특한 메뉴명으로 더욱 다양해지고 고객의 까다로운 입맛을 충족시켰다.

(4) 샐러드

샐러드는 패밀리레스토랑의 성장으로 사이드메뉴가 아닌 풍성한 단품메뉴로 재정립되어 갔다. 기존의 단순한 채소로만 구성된 것이 아닌 치킨, 쇠고기, 해산물, 리코타 치즈 등 다양한 재료가 어우러져 더욱 푸짐하게 즐길 수 있게 된 것이다. 또한 오리엔탈, 이탈리안, 발사믹 드레싱 등 다양한 소스에 따라 샐러드 종류가 다양화되면서 고객들의 큰 호응을 얻었다.

5) 2001~2005 광우병 · AI 파동, 웰빙 음식 '각광'

21세기가 시작되면서 메뉴도 더욱 다양해졌다. 2000년 이대 1호점 오픈으로 국내시장에 등장한 스타벅스는 에스프레소커피시장의 붐을 일으켰다. 한편 2003년 말 발생한 광우병과 AI로 돼지고기 소비가 늘어 삼겹살전문점이 호황을 누렸으며 웰빙 트렌드에 맞춘 토속한정식전문점, 일본식 회전 초밥을 표방하는 업소들이 등장해 인기몰이 했다.

(1) 기능성 삼겹살

2003년 말 터진 광우병 및 조류인플루엔자(AI) 파동으로 쇠고기와 닭고기에 대한 기피현상이 커진 고객들은 대중메뉴 삼겹살에 대한 소비를 늘려갔다. 2000년 초반에 호황을 누렸던 와인삼겹살에 이어 허브, 인삼, 솔잎, 매실 삼겹살 등 삼겹살을 숙성하는 재료에 따라 다양한 기능성 삼겹살전문점이 인기를 얻었다.

같은 시기에 얇게 만든 떡에 삼겹살을 싸먹는 떡삼겹살도 처음 등장했다. 후반엔 벌집 모양의 칼집을 넣어 부드러운 육질이 특징인 벌집 삼겹살이 인기를 끌었다.

(2) 양·대창

소의 첫 번째 위를 말하는 '양' 과 소의 큰창자를 뜻하는 '대창'은 고급 식재료 중의 하나였다. 이후 후발 업소들이 연이어 등장하면서 이제 서울뿐만 아니라 지방에서도 인기를 끄는 메뉴로 자리 잡았다.

(3) 회전초밥

2004년 도입된 '사까나야' 를 중심으로 회전시스템을 이용해 즉석에서 만들어 제공하는 회전초밥전문점이 외식시장의 새로운 메뉴 트렌드를 이끌었다. 일식은 비싸다는 선입견을 깨고 1만3000~1만

5000원 선의 비교적 저렴한 가격에 초밥을 공급하며 초밥의 대중화를 제안했다. 매장의 분위기를 캐주얼하게 변경해 고객의 부담감을 줄이는가 하면 초밥을 제조하는 과정을 직접 보게끔 하는 전시 마케팅으로 호기심을 자극해 인기를 끌었다.

(4) 불닭

2004년 홍초불닭을 시작으로 불닭 체인점들이 끊임없이 등장, 지역마다 3~4개 불닭집이 있을 정도로 급속도로 성장했다.

강렬한 매운맛의 불닭은 지속되는 불황과 경기침체로 스트레스를 풀기 위해 고객들이 많이 찾았던 히트메뉴 중 하나다. 고유의 매운맛이 폭발적인 인기를 끌자 매운 닭발, 매운 갈비 등 프랜차이즈 업계에서도 '매운맛' 메뉴들을 연이어 출시하며 인기를 누렸다.

(5) 토속한정식

2000년 중반부터 웰빙 트렌드에 맞춰 토속음식과 궁중음식이 어우러진 한정식전문점이 늘어나기 시작했다. 취나물, 곤드레나물, 녹차나물 등 조미료를 전혀 사용하지 않고 재료 본연의 맛에 충실한 각종 토속 반찬들과 보리밥, 쌈 채소가 제공돼 담백한 맛을 즐길 수 있어 인기를 얻었다.

6) 2006~2010 전통메뉴, 복합요리점 출현

2000년대 후반까지의 외식산업은 선진국에 비해 빠르게 성장했다. 건강식에서 한층 진보된 '웰빙'은 현재까지도 메뉴개발의 키워드로 꼽히고 있다. 건강을 지향하는 추세에 맞춰 시푸드뷔페가 인기를 얻었으며 쌀국수 같은 에스닉 요리에 대한 관심도 높아졌다. 또한 한식세계화와 함께 전통적인 메뉴, 인테리어 등을 현대적 감각으로 풀어내는 민속 음식점도 증가했다.

(1) 한우전문점

미국산 쇠고기의 수입재개와 광우병 파동으로 신선한 고품질 한우를 합리적인 가격으로 선보이는 한우전문점들이 등장했다.

한우전문점에서는 평균 3만 원 전후에 판매되던 한우떡갈비, 한우 편채, 육회 등 메뉴가 산지 직거래, 창업비용 절감 등의 영향으로 1만5000원대까지 저렴해졌다.

한우 산지 위주로 한우 마을을 지정해 가격대비 푸짐한 양과 고품질, 부담 없는 가격으로 국내산 육우를 선보이며 한우에 대한 문턱을 낮추는 데 이바지했다.

(2) 쌀국수

베트남의 대표 음식으로 '포(pho)'라고 불리는 쌀국수는 2000년 중반부터 전문 레스토랑이 하나, 둘 문을 열며 알려지기 시작했다. 웰빙 열풍을 타고 낮은 열량과 담백한 맛, 여기에 쌀로 만든 국수, 천연 재료를 주로 사용해 웰빙 요리로 인식되며 각광받았다. 개인 업소 외에도 포베이, 포메인, 포호아, 호아빈 등 전문 프렌차이즈 업체들이 가세하면서 시장 확대와 쌀국수 대중화가 더욱 가속화되었다.

(3) 조개구이

키조개, 대합, 가리비 등 다양한 종류의 조개를 구워 먹는 조개구이는 IMF 시기 잠깐 유행했다가 사라졌지만 2000년대 후반 부활한 조개구이전문점은 무한리필전문점을 표방하거나 샐러드바를 갖추는 등의 차별화를 더해 리포지셔닝에 성공했다.

7) 2011~2015 실속형 외식 소비 추구

장기화된 경기침체로 국민들의 주머니 사정이 어려워짐에 따라 소비자의 다양한 니즈를 한 번에 채울 수 있는 것들의 조합, 이른바

'메뉴 컬래버레이션'이 창업시장에서 강력한 힘을 발휘했다. 한편 국수나 보쌈, 떡볶이, 피자 등 이미 외식업계에서 대중화된 기존 아이템들이 새로운 조합으로 결합돼 새로운 메뉴로 탄생되기도 했다.

(1) 와플

기존 베이커리의 틀 안에 있던 와플이 전문점 형태를 지향하는 개별 카테고리로 세분화되면서 디저트시장의 성장을 촉진했다. 와플카페에서는 식사 및 간식 대용으로 가능하도록 접시에 아이스크림, 과일, 젤라또 등의 후식 메뉴와 함께 와플을 제공하는 형태로 선풍적인 인기를 끌었다. 이후 수많은 프랜차이즈 브랜드가 범람하며 디저트&커피시장을 주도했다.

(2) 닭강정

치킨업계에서 가장 눈길을 끈 히트아이템은 닭강정이었다. 테이크아웃을 통해 언제 어디서나 즐길 수 있는데다가 가격도 저렴해 나이와 성별에 관계없이 대중적인 메뉴로 사랑받았다. '테이크아웃'과 '저가격'을 키워드로 치킨업계의 틈새시장을 공략하며 히트메뉴로 떠올랐다.

(3) 국수전문점

경기 불황으로 외식업계가 몸살을 앓고 있던 시기에 메뉴 자체가 갖는 대중성, 균일화된 레시피, 다양한 메뉴구성, 소자본 생계형 창업이 가능하다는 장점이 겹치면서 국수를 메인으로 하는 프랜차이즈 브랜드들이 생겨났다. 국수는 잔치국수, 비빔국수 등 전통방식을 고수하는 방식으로 생면을 사용하거나 토핑을 달리해 퓨전화시킨 메뉴로 나눠졌다.

(4) 짬뽕

짬뽕을 단일메뉴로 하는 짬뽕 전문 브랜드들이 생겨나면서 전문점 형태로 인기를 끌기 시작했다. 홍콩반점, 상하이짬뽕 등 인기 프랜차이즈를 필두로 각종 독립점포들도 연이어 오픈했으며, 기본 짬뽕을 비롯해 홍합짬뽕, 굴짬뽕, 짬뽕국밥 등 다양한 메뉴들이 등장했다.

(5) 수제버거 전문점

건강식을 선호하는 소비자들의 욕구로 인해 기존의 패스트푸드와 차별화를 둔 수제버거가 주목받았다. 주문 후 즉석에서 구워낸 100% 쇠고기로 만든 두툼한 패티와 싱싱한 채소, 직접 구운 빵, 특제소스가 어우러져 건강한 하나의 요리로 자리매김했다.

8) 2016~현재 추억의 메뉴 재탄생

메뉴 트렌드 주기가 점차 빨라지고 있는 가운데 최근의 외식업계는 '추억'을 키워드로 향수를 불러일으키는 메뉴들이 주목받고 있다. 단팥빵, 수제고로케 등이 대표적이다. 아울러 '불황', '소자본' 니즈에 따른 소형 프랜차이즈 점포들이 늘면서 저렴한 핑거푸드를 주메뉴로 하는 스몰비어나, 저렴하게 한 끼 식사를 즐길 수 있는 밥버거 등이 유행하기도 했다.

(1) 프리미엄 김밥

2000년대 중반까지 저가형 김밥전문점들이 호황을 누렸다면 2000년대 후반에는 웰빙과 친환경 식재료에 대한 소비자들의 니즈가 증가하면서 프리미엄 김밥이 인기메뉴로 떠올랐다. 로컬푸드라는 스토리를 활용해 주재료인 밥과 김, 특정 지역 우수한 품질의 식재료, 빙초산이나 화학첨가물이 들어가지 않은 무첨가 단무지, 무항생제 달걀 등 건강한 재료를 사용한 것이 특징이다. 또 하나의 가장 큰 특징은 매운제육쌈, 떡갈비, 불닭, 와사비날치알, 닭가슴살 등 다양한 재료를 활용해 이색 김밥 메뉴로 골라 먹는 재미까지 더했다.

(2) 밥버거

밥버거는 창업시장을 강타한 소자본창업아이템이자 신개념 웰빙 패스트푸드의 열풍을 이끌었다. 불황일수록 실속 소비를 즐기려는 소비자들의 니즈와 빠르고 간편하게 즐기되 저렴하고 푸짐한 양을 원하는 고객들의 입맛을 충족시킨 것이 인기의 원인으로 분석된다.

봉구스밥버거를 시작으로 비슷한 콘셉트의 후발 브랜드들이 등장, '밥버거' 라는 명칭을 대부분 상호에 직접 사용하며 인지도가 빠르게 상승했다.

(3) 크래프트 비어

맥아, 홉, 물, 효모 등 4가지만을 사용해 소규모 양조장에서 만들어 '크래프트 비어' 라고 불리는 수제 맥주가 핫 트렌드로 떠올랐다. 수제 맥주를 만드는 양조장을 '마이크로 브루어리(소규모 양조장)' 라 부르는데 최근에는 기존 하우스 맥주와는 달리 자기들만의 레시피로 만든 수제 맥주를 판매하는 '브루어리펍' 이 유행처럼 번지고 있다. 외국인들이 많이 거주하는 서울 이태원, 젊은층들이 즐겨 찾는 홍대입구를 중심으로 꾸준히 늘고 있다.

(4) 수제고로케

고로케는 사실 꽤 오래전부터 동네 빵집에서 흔하게 볼 수 있었던 친숙한 빵이었으나, 최근 즉석에서 튀겨 판매하는 수제고로케로 다시 부활해 눈길을 끌었다.

냉동 빵을 튀긴 일반 고로케와는 달리 일일이 손으로 반죽하고 직접 빵가루와 다양한 종류의 소를 만드는 등 시간과 정성을 들여 맛과 품질이 향상된 것이 특징이다.

(5) 족발

서민형 대중음식이자 오랜 스테디셀러 메뉴 족발이 냉채족발, 매운족발, 월남쌈족발, 샐러드족발 등 다양하고 개성 넘치는 메뉴로 개발되며 젊은층을 공략한 창업시장에서 성장세를 보였다.

(6) 단팥빵

우리나라에서 '단팥빵' 또는 '팥앙금빵'이라 불리는 추억의 간식거리가 다시금 주목받으며 단팥빵 열풍을 몰고 왔다. 지하철 역사를 중심으로 입점한 단팥빵전문점에서 단팥빵을 사려고 줄을 서서 기다리는 진풍경이 연출됐다. 최근에는 국내산 팥, 유기농 밀가루, 천일염, 천연 버터 등을 사용해 건강한 빵을 모토로 팥앙금이 든 기본 단팥빵부터 호두단팥빵, 고구마앙금빵, 치즈크림소보루빵 등 메뉴의 다양화가 이뤄지고 있다.

(7) 버블티

버블티가 식음료 시장에서 가장 핫한 여름 음료로 떠오르기도 했다. 버블티는 밀크티에 '카사바'라는 열대식물의 뿌리에서 채취한 식용 녹말을 가공한 '타피오카 펄'을 넣어 먹는 음료로 대만, 중국을 시작으로 미국, 호주, 캐나다 등에서 인기를 끌며 한국에도 상륙했다. 관련 프랜차이즈 브랜드가 대거 출시되어 매장을 늘려가며 불황의 외식시장에 히트메뉴로 빅 히트를 쳤다.

(8) 눈꽃빙수

얼음 입자가 눈처럼 부드러워 입안에 넣자마자 사르르 녹아서 생긴 이름의 눈꽃빙수는 지난여름 눈꽃빙수를 모르는 사람이 없을 정도로 히트 아이템이었다. 빙수는 잘게 간 얼음에 팥, 연유, 우유 등을 넣어 만든 것으로 추억의 디저트 중 하나였다. 최근에는 물이 아닌 우유를 얼려 사용해 더욱 고소한 맛을 내고 과일뿐만 아니라 찹쌀떡, 콩가루, 치즈케이크 등 다양한 토핑과 메뉴개발을 통해 고급화되었다. 빙수는 계절성이 큰 메뉴이기 때문에 성수기인 여름 외에도 매출 안정을 이끌기 위해 인절미토스트, 가래떡구이 등의 꾸준한 신 메뉴가 개발되고 있다.

(9) 치즈 열풍

이전에는 부재료라고만 생각했던 고소한 맛의 치즈가 외식업계의 큰 화두가 됐다. '치즈 등갈비'를 시작으로 주꾸미, 곱창, 족발, 닭갈비를 비롯해 제과·제빵전문점, 커피전문점, 치킨전문점 등 모든 외식업계에 치즈 열풍으로 뜨거웠다. 특히 매운 음식에 치즈를 가미한 것이 인기를 끌면서 치즈에 대한 관심이 더욱 높아져 기존 메뉴에 치즈를 추가한 외식메뉴들이 다양하게 출시되고 있다.

(10) 화덕피자

2000년대 후반부터 건강에 대한 관심이 고조되면서 정통 이탈리아 스타일의 화덕피자가 주목을 받았다. 화덕은 이탈리아의 전통 조리기구 중 하나로 조리 과정에서 재료의 기름성분은 빠져나가고 수분은 보존돼 담백한 맛을 살려주면서 웰빙을 중시하는 트렌드와 부합해 상승세를 이어갔다.

(11) 스몰비어

경기 불황으로 소자본창업이 화두가 되면서 스몰비어가 대박 아이템으로 급부상했다. '○○비어'라는 이름으로 복고풍 인테리어와 캐릭터를 활용한 아기자기한 콘셉트의 유사브랜드도 빠르게 생겨났다.

4. 갈수록 짧아지는 마케팅 사이클의 진화

1) 1986~1990 상호 노출목적으로 '단순 광고'

1980년대 중반 이후는 외식업을 비롯한 각종 산업들이 막 활기를 띠기 시작할 무렵이다. 경제 성장이 이루어지고 '살기 위해' 음식을 먹었던 힘든 고비를 넘기면서, 외식시장에도 선순환이 돌기 시작했다.

'노벨티(Novelty)'라는 것은 광고주가 기업명, 상품명 등을 넣어서 고객에게 제공하는 편리품으로서 증물광고, 물품광고, 혹은 진물(進物)광고라고 한다. 물론 손님에게 감사하는 뜻으로 사례품이나 기념품을 드리는 경우도 있고 개점 기념일, 경축일을 축하하며 수건 또는 열쇠고리 같은 물건을 배부하는 인사 형식도 있다. 고객의 눈이나 귀에 점포의 이름과 메시지를 제공하는 것을 '광고 노출'이라고 한다. 이 광고 노출을 빈번하게 하여 광고를 기억시키고 광고주의 기업을 상기시키는 것이 광고의 목적이다.

말 그대로 광고의 1차 목적으로 수단과 방법이 단순하다. 성냥갑에 상호를 적어 카운터나 테이블에 올려놓는 것이 1980년대의 마케팅이었던 것이다.

2) 1991~1995 '매스컴광고'와 '아날로그 우편발송'

아시안게임과 올림픽이 끝나고 난 후 국내 외식산업은 더욱더 활황을 맞았다. 해외 프랜차이즈들은 큰 규모에 맞게 매스컴을 이용한 광고를 본격적으로 시작했고, 국내 치킨 브랜드는 스타마케팅을 시도했다. 소규모의 개인점포들은 아직까지 아날로그 홍보에서 벗어나지 못했다.

1990년대 월간식당 신년호를 보면 '판촉물, 광고지, PR용품, 현수막 만들어드립니다'라는 타이틀을 내세운 '요식업 광고 전문제조업체'의 전단 광고를 볼 수 있다. 단순한 판촉물부터 만화광고까지, 전문 업체가 생기기 시작했다는 것은 외식업계에 광고의 중요성이 대두되고 있었다는 것을 의미한다. 실제로 1990년대 월간식당의 전문가 기고나 독자투고 섹션엔 광고의 중요성을 두고두고 강조하는 글이 대부분이다. 이에 영향을 받은 국내 프랜차이즈 브랜드도 매체를 적극 활용했다.

3) 1996~2000 마케팅 극대화와 '실속 마케팅'의 부활

IMF가 외식업계에 미친 영향은 어마어마했다. '폭탄세일', '반값 할인', '가격 대폭 인하', '사장님이 미쳤어요' 등 생존을 위한 '가격파괴' 마케팅이 주를 이뤘고 아나바다운동, 금모으기운동과 같은 맥락으로 외식업에도 애국심에 호소하는 마케팅이 두드러졌다.

(1) 다양한 실천 마케팅 '눈길' 소규모 점포도 예외 없어

1996년까지는 외식업 마케팅의 필요성을 적극 강조하고 또한 당연시하던 시대다. 대형 프랜차이즈 브랜드나 일부 안목 있는 업주들의 몫이었던 마케팅이, 작은 동네매장에서도 간과하지 말아야 할 핵심 요소가 된 것이다.

(2) IMF 불황극복을 위한 실속 마케팅

신규고객보다는 단골고객을 위한 전략을 모색했고, 가격절약형 소비패턴에 맞게 '가격파괴' 마케팅이 주를 이뤘다. '폭탄세일', '반값 할인', '가격 대폭 인하', '사장님이 미쳤어요' 등의 광고 문구가 유행하던 시기다. 브랜드 가치나 수익창출을 위한 이미지 광고가 아닌, 위기 상황에서 살아남기 위한 '생존경쟁형 마케팅'이었던 셈이다.

(3) '신토불이'를 통한 나라사랑 마케팅 화제

IMF 이후 눈에 띄는 변화가 바로 '나라사랑 마케팅'이다. 아나바다운동, 금모으기운동과 같은 일환으로 외식업에도 애국심에 호소하는 마케팅이 두드러졌다. 해외로 로열티가 지불되는 외국 브랜드에 대한 기피감이 고조되자 업소들은 국내산 재료를 사용하면서 '신토불이' 문구를 P.O.P로 만들어 강조했다. 외국 브랜드들도 마찬가지로 '無 로열티' 등을 내세우며 애국 마케팅이 동참했다.

대형 마트에서 물건 하나를 사면 하나를 덤으로 끼워주는 '원 플러스 원' 또는 '보고(BOGO : Buy One Get One)' 마케팅이 인기를 끌자 외식업소들도 '2인분 이상 주문시 1인분 서비스'나 'ㅇㅇ 메뉴 주문 손님에 한해 사이드메뉴 공짜!' 등과 같은 과감한 프로모션으로 고객 몰이에 나섰다.

4) 2001~2005 밀레니엄 맞이 특별 프로모션

2000년이 시작되면서 외식업계는 분위기 전환을 시도했다.

(1) 21세기 맞은 외식업체, '밀레니엄 기념' 마케팅 펼쳐

키즈마케팅은 '소비자는 어린이다'를 모토로 낮은 출산율과 가족 중심의 라이프스타일 변화로 가정에서 자녀 중심의 구매 행태가 이루어질 것이라 예측하고 어린이를 타깃으로 한 메뉴나 시설 등을 구성하기도 했다.

(2) 주5일 근무제 시행·컴퓨터 보급으로 가족 고객 '타깃'

불특정 다수를 겨냥한 마케팅보다 상권과 타깃에 맞는 마케팅 전략을 세우기 시작한 것도 이 무렵이다. 무료 배포하는 전단광고 대신 주부 고객에겐 외식 상품권을, 학원이나 고시촌 등 학생을 대상으로 하는 업소에서는 '천원 마케팅'을, 회식이 잦은 오피스상권에서는 점심 메뉴 할인 행사 등을 진행했다.

휴일이 시작되는 금요일 저녁부터 다양한 할인 행사와 서비스를 제공하기 시작한 것이다. 주말 방문에 한해 특정 메뉴 서비스는 물론 식사비용 일부 적립, 공연티켓이나 상품권 제공, 유아 놀이시설

증축, 임산부 식사 무료제공 등 주말 가족단위 고객을 유치하기 위한 마케팅에 주력했다.

5) 2006~2010 모바일·인터넷 시장 출현

(1) 모바일 서비스·온라인 활용한 디지털 마케팅 시작

이맘때쯤 개인 미디어에도 열풍이 불었다. 2006년에는 싸이월드 미니홈피와 다음(Daum) 카페가 한창 붐을 이뤘으나 주로 개인 일상이나 연예인 팬카페를 위한 공간으로 활용, 마케팅 영역으로서의 입지를 굳건하게 다지지는 못했다.

(2) '전문점' 증가에 따라 세분화된 '타깃 마케팅'

갈수록 다양한 음식을 골고루 잘하는 집에서 한 가지 메뉴만 전문으로 하는 '전문점'이 늘면서, 마케팅 역시 점점 더 타깃층을 세분화하는 추세로 변해갔다.

이 당시 목표고객을 디테일하게 설정한 후 마케팅 전략을 세워야 효과가 있다고 언급했고 '마케팅 이전에 시장 환경과 고객 특성을 선 조사하고 고객 니즈를 미리 예상한 후 그에 맞는 서비스와 마케팅 전략을 펼쳐야 효과가 있음을 강조했다.

당시 베니건스는 매주 월요일을 '레이디스데이(Lady's Day)'라 지정해 샐러드 바를 50% 할인가에 이용할 수 있게 했고 피자전문점 빨간모자에서는 매월 셋째주 수요일을 '빨간모자의 날'로 정해 당일 주문 고객에 한해 다양한 선물을 제공했다.

6) 2011~현재 스토리와 재미 요소 기반의 '콘텐츠·프레임' 마케팅 강세

(1) '편(Fun)마케팅'을 아시나요?

2010년 이후 재미 요소를 부각한 '편마케팅'이 주를 이뤘다. 상호부터 P.O.P, 메뉴판, 메뉴명, 접객서비스까지 매장 운영의 모든 부분에 재미 요소를 넣어 이색 마케팅을 펼쳤다.

(2) 단순 SNS·온라인마케팅 ⇨ 스토리 기반의 '콘텐츠마케팅'

초창기 온라인마케팅은 단순히 SNS나 온라인 공간을 활용하는 데서 그쳤다. 트위터나 페이스북을 통해 실시간으로 맛집 정보를 업데이트하거나 개인 블로그에 음식점 방문 후기를 사진과 함께 올리면,

커뮤니티 내에서 정보를 서로 공유하는 정도였다. 처음엔 바이럴마케팅(매월 특정 비용을 지불하면 바이럴마케팅 전문업체에서 수십 개의 블로그에 업소 관련 정보와 후기를 올려준다)처럼 질보단 '양'에 집중한 온라인마케팅이 주를 이뤘다. 포털사이트 상단이 'ㅇㅇ동 맛집' 키워드를 선점하거나 역으로 'ㅇㅇ동 맛집'을 검색하면 해당 업소가 한꺼번에 20~30개씩 포털에 뜨도록 하는 방식이었다. 그러나 소비자는 똑똑했다. 검색할 때마다 늘 뜨는 천편일률적인 사진과 홍보성 짙은 글들에 오히려 '기피 음식점'으로 입방아에 오르면서 외식업주들은 새로운 온라인 마케팅 탈출구를 찾았다.

결론적으로 최근 외식업소에서는 '콘텐츠'에 힘을 불어넣은 양질의 블로그마케팅을 시행하고 있다. 단순히 '맛있어요', '맛없어요'가 아닌, 해당 업소의 메뉴 경쟁력과 콘셉트, 스토리를 충분히 담아낸 콘텐츠를 바탕으로 한다. 단순한 상호 노출에서 그칠 것이 아니라 '영향력'과 '파급력'으로까지 이어져야 한다는 것을 이제 업주들도 안다는 이야기다. 불특정 다수를 타깃으로 하는 것 같지만, 오히려 온라인마케팅일수록 타깃 고객을 명확하게 구분하고 그에 맞는 스토리와 콘텐츠를 엮어 어필할 필요성이 있다. 무조건 활용할 것이 아니라 '잘' 활용해야 진정성 있는 맛집으로 자리매김할 수 있다.

(3) 2016~2020년 외식업 마케팅 핵심 키워드 '전략' '융합'

지난 30년의 마케팅 역사를 돌이켜봤을 때 한때는 단순 상호노출만으로도 손님을 끌어들여 매출을 올리던 시기도 있었고 판촉물이나 이벤트, 우편발송, 사은품 등이 효과를 봤던 때도 있었다. 모두가 어려웠던 IMF에는 절반가격, 폭탄세일 전략으로도 이목을 끌었다. 다양한 개념이 한데 어우러지기보단 강력한 한 방, 단순하고 1차원적인 마케팅만으로도 홍보가 가능했다.

그러나 현재는 하나만 가지고는 안 된다. 적당한 구전과 전략을 충분히 세운 블로그마케팅, 미디어의 적절한 활용, 스토리텔링을 기반으로 한 다양한 콘텐츠, 또 이론과 실무를 병행하며 꾸준히 고민하고 학습하는 업주의 자세 등이 어우러져야 제대로 된 마케팅이 가능하다.

단순히 'ㅇㅇ동 맛집' 키워드를 내세우거나 깜짝 방송 출연으로 한순간에 줄 서는 맛집으로 만드는 것은 의미 없다. 재미도 없을뿐더러 이제는 그것 역시 1차원 개념의 마케팅이 됐다.

이왕 외식업을 시작했다면 장기적으로 보고 오래갈 수 있는 방안을 생각해야 한다. 양질의 콘텐츠로 반짝하는 효과보다는 '지속력'에 힘을 싣는 것이다.

제법 오랜 시간 성업 중인 대박집들만 쫓을 것이 아니라, 짧은 시

야로 무엇이든 급하게 진행하다 넘어진 업소들도 돌아보아야 한다. 대부분의 업소들이 오래가는 것엔 관심을 두지 않고 '빠른 효과' 에만 집중하다 보니 본질을 잊고 방황한다. 경기도 하남의 돼지고기전문점 흑돈연가는 후미진 골목 상권 내 30평 매장에서 월매출 1억원까지 올리는데 정확히 1년이 걸렸다. 개미 한 마리 보이지 않는 곳에서 조급할 법도 한데 그만의 콘셉트와 상품력, 이야깃거리를 차근차근 만들어갔다.

IV

외식산업의 경영현황과 매출

1. 외식산업의 시장규모와 업종별 현황

1) 외식산업의 시장규모

오늘날 경제성장과 식생활 의식 수준의 향상, 핵가족화로 인하여 식품소비에 대한 개념, 음식문화가 급속하게 변화하고 있다. 이에 20세기 외식산업 발전의 주체자였던 베이비붐 세대들이 21세기에는 실버세대로서 많은 영향을 미치고 있다(최학수 외, 2014).

외식이 미래 유망산업으로 각광 받고 있는 이유는 여성의 사회진출 확대, 국민소득의 증가, 노령인구의 증가현상, 현대인들의 바쁜 사회생활로 인하여 외식비율이 늘어나고 있으며 가공식품의 선호, 식생활 패턴 변화, 가치관의 변화에 따른 외식인구가 늘어나면서 식품산업의 성장이 가속화되고 있다(최학수 외, 2014; 강남병 외, 2014).

이와 같은 사회변화로 인하여 새로운 음식 소비양식이 창출되었으며 이는 새로운 산업분야의 태동과 발전을 가져온 것으로 보여 진다. 외식산업은 인간의 기본적 욕구를 충족시켜 주는 대표적 서비스산업으로 경제발전과 국민경제에 차지하는 비중이 증대한 성장산업으로(김윤태, 2011) 타산업과의 규모를 비교해 볼 때, 자동차 산업보다 2.5배 높은 것으로 나타나 고용 창출에 큰 효과가 있다(Data Monitor, 2008; 이은정, 2011).

외식산업과 식품 제조업을 포함한 국내 식품산업의 매출액은 2002년 약 73조원에서 2013년에는 147조원으로 늘어나 2000년대에 접어들면서 꾸준한 성장을 보이고 있으며 2013년에는 전년대비 2.9%의 성장률을 보이고 있다. 국내 외식산업과 식품제조업의 매출액과 전년 대비 성장률을 제시하였다. 최근 발표된 2015년 통계청 자료에 의하면, 식품산업의 사업체수는 64만114개이며 종사자수는 199만5123명으로 2003년 이후 사업체수와 종사자수가 매년 감소하는 추세였으나, 2006년 이후부터는 사업체수와 종사자수가 점점 증가하여 2015년에는 전년 대비 각각 1.8%, 3.9% 증가하였다.

외식업의 사업체와 종사자수는 각각 2015년 63만 5740개소, 182만4214명으로 가장 많았으며, 전년 대비 2.9% 이상의 성장률을 보이고 있는 것으로 나타났다.

2) 가구당 외식 소비 지출 현황

우리나라의 2인 이상 가구당 월평균 가계수지 중 소비지출 비중추이는 〈표 4-1〉에 제시하였다. 전국 2인 이상 가구당 총 소비 지출액 중 월평균 식료품과 외식비 비율을 살펴보면, 2005년에는 28.2%를 차지하였으며 그 중 외식비용이 13.6%, 외식제외 비용이 14.6%로 조사되었다. 소비 지출액 중 외식비는 2004년 14.0%로 최고의 비율로 나타났으나 이후 점차적으로 감소추세를 보이고 있어 2015년에는 외식비가 11.9%로 2004년 이후 최저비율을 나타내고 있다.

전국 2인 이상 가구당 외식비 지출과 월평균 식비를 제시하면 2005년에는 2인 이상 전체 가구당 월평균 총 소비 지출액은 187만 1887원이며 이 중 외식비는 25만3548원, 가구당 식비는 52만6950원을 차지하였다. 2005년 이후 2015년까지 총 소비 지출액, 외식비 및 가구당 식비는 꾸준히 증가하는 추세를 나타내어 2015년은 2005년 대비 47.6% 이상의 증가율을 보이고 있어, 소비 지출액은 265만 3431원이며 이 중 외식비는 31만 6036원, 가구당 식비는 66만7455원으로 조사되었다.

근로자 가구와 근로자 외 가구의 식료품비 중 외식비가 차지하는 비율을 보면 2005년에 가구당 식비 중 외식비는 각각 50.5%, 44.4%를 차지하며 조금씩 증가하다가 2007년 이후로 점점 감소 추세로 전환하여 2015년에는 각각 49.3%, 43.5%까지 감소하였다.

가구당 월평균 외식비를 포함한 식료품비의 지출내역을 제시하면 식료품비 지출 내역을 항목 별로 살펴보면 외식비는 2015년 기준 31만6036원으로 전체 식료품비 66만7455원 중 47.3%로 가장 높은

비중을 차지하였으며, 금액면에서는 전년 대비 2.9%의 감소를 나타
내었다. 2014년도와 대비하여 해조 및 해조가공 식품은 26.0%로 큰
폭의 증가율을 보여 2015년 1분기 5466원/월을 나타낸 반면 조미식
품은 29.3%로 가장 큰 폭의 감소율을 보였다.

〈표 4-1〉 가구당 외식 소비 지출 현황

연도	가구구분	소비지출	가구당 식비	외식비
2015	전체가구	2,653,431	667,455	316,036
	근로자가구	2,856,655	712,730	351,099
	근로자외 가구	2,312,902	591,591	237,284

자료 : 통계청(2015). 가계동향조사(신분류). 가구당 월평균 가계수지(명목, 2인 이
상, 전체가구)

〈표 4-2〉 전국 2인 이상 가구당 월평균 가계수지 중 소비지출 비중 추이

(단위 : % 포인트)

년도 항목	2004	2005	2006	2007	2008
소비지출	100.0	100.0	100.0	100.0	100.0
식비(식료품과외식비)	29.0	28.2	27.3	26.9	27.4
외식제외	15.1	14.6	14.2	13.8	14.1
외식	14.0	13.6	13.1	13.2	13.3
주류 · 담배	1.5	1.5	1.5	1.4	1.3
의류 · 신발	6.3	6.3	6.3	6.4	6.2
주거 · 수도 · 광열	9.7	9.8	9.9	9.7	9.7
가정용품 · 가사서비스	3.4	3.6	3.5	3.7	3.5
보건	5.7	5.9	6.2	6.4	6.2
교통	11.6	12.0	12.5	12.4	12.4
통신	7.3	7.0	6.8	6.7	6.3
오락 · 문화	5.5	5.4	5.4	5.3	5.2
교육	11.3	11.3	11.4	11.9	12.8
숙박비	0.2	0.3	0.3	0.3	0.3
기타상품 · 서비스	8.5	8.6	8.9	8.8	8.7

주 : 2009년 소득 및 지출부문의 항목분류 개편으로, 「가계동향조사(신분류)」의 2008년 이전 자료는 「가계동향조사(구분류)」 자료와는 다소 차이가 있다.

2009	2010	2011	2012	2013	2014	2015
100.0	100.0	100.0	100.0	100.0	100.0	100.0
26.6	26.4	26.4	26.6	26.6	26.5	25.2
13.8	13.9	14.2	14.2	14.0	13.7	13.3
12.8	12.5	12.2	12.4	12.6	12.8	11.9
1.2	1.2	1.2	1.1	1.1	1.1	1.1
6.1	6.4	6.5	6.8	6.8	6.6	5.8
9.8	10.1	10.1	10.4	10.8	10.4	12.6
3.6	3.8	3.8	3.8	4.0	4.1	3.6
6.5	6.7	6.5	6.5	6.6	6.6	6.7
12.4	11.9	12.3	12.3	12.4	13.1	11.9
6.2	6.1	6.0	6.2	6.2	5.9	5.5
5.2	5.5	5.4	5.5	5.6	5.8	5.8
13.5	13.0	12.3	11.7	11.4	9.2	12.9
0.2	0.2	0.3	0.3	0.3	0.3	0.4
8.6	8.9	9.2	8.8	8.2	8.4	8.5

자료 : 통계청(2015). 가계동향조사(신분류). 가구당 월평균 가계수지(명목, 2인 이상, 전체가구)

3) 업종별 외식업 현황과 규모

국내 외식업체의 업종별 현황을 〈표 4-3〉에 제시하였다. 음식점업과 주점 및 비알콜 음료점업을 합한 전체 음식점업의 업체수는 총 63만 5740개소이며, 음식점업 중에서 한식점업이 65.1%(29만 9477개소)로 가장 많은 분포로 나타났으며, 한식을 제외한 업종의 총합은 34.9%(15만 9775개소)로 조사되었다. 한식점을 제외한 업종에서 외식업체 종사자의 분포를 살펴보면, 기타 음식점업 23.2%, 중국 음식점업 5.5%, 서양 음식점업 4.8%, 기관 구내 식당업 3.4%의 순으로 조사되었으며, 음식점 종사자의 59.9%가 한식점업에 근무하는 것으로 조사되었다.

국내 외식산업은 대부분이 생계의존형 점포로서 외식업체의 사업장 매장면적 규모를 살펴보면 31평 미만의 음식점이 전체의 75.3%를 차지하고 있는 반면 93평 이상은 3.5%에 불과하였다.

외식업체 종사자 고용현황을 살펴보면, 4명이하의 종사자를 고용하는 점포가 전체의 88.0%로 거의 대부분으로 나타났으며, 외식업계에 근무하는 종사자의 64.2%가 종업원 4명 이하인 소형 점포에서 근무하는 것으로 조사되었다.

〈표 4-3〉 업종별 음식점업 현황(2015년 기준)

분류		업체수		종사자수	
		(개)	%	(명)	%
음식점업	한식점업	299,477	65.1	841,125	59.9
	한식점 제외한 총합	159,775	34.9	562,513	40.1
	중국 음식점업	21,503	4.7	76,608	5.5
	일본 음식점업	7,466	1.6	33,400	2.4
	서양 음식점업	9,954	2.2	67,279	4.8
	기타 외국식 음식점업	1,588	0.3	8,268	0.6
	기관 구내 식당업	7,830	1.7	48,000	3.4
	출장 및 이동 음식업	511	0.1	2,620	0.2
	기타 음식점업	110,923	24.2	326,338	23.2
	소계	459,252	100.0	1,403,638	100.0
주점 및 비알콜 음료점업		176,488		420,576	
음식점업(합계)		635,740		1,824,214	

자료 : 통계청(2015). 도소매업 조사-시도/산업별 총괄.

⟨표 4-4⟩ 사업장 면적규모별 음식점 분포도(2015년 기준)

사업장 면적규모		음식점수(개)	(%)
30㎡ 미만	(9.3평)	75,977	12.0
30㎡~50㎡	(9.3평~15.4평)	131,003	20.6
50㎡~100㎡	(15.4평~30.9평)	271,277	42.7
100㎡~300㎡	(30.9평~92.6평)	135,299	21.3
300㎡~1,000㎡	(92.6평~302.5평)	19,856	3.1
1,000㎡~3,000㎡	(302.5평~907.5평)	2,057	0.3
3,000㎡	(907.5평)	271	0.1
합 계		635,740	100.0

자료 : 통계청(2015). 도소매업 조사-시도/산업/사업장면적 규모별 사업체수.

⟨표 4-5⟩ 종사자 규모별 음식점(주점업포함) 및

종사자 분포도(2015년 기준)

종사자규모	음식점수(개)	(%)	종사자수(명)	(%)
1~4명	559,338	88.0	1,170,619	64.2
5~9명	61,176	9.6	375,014	20.6
10~19명	11,685	1.8	147,249	8.0
20명 이상	3,541	0.6	131,332	7.2
합계	635,740	100.0	1,824,214	100.0

자료 : 통계청(2015). 도소매업 조사-시도/산업/종사자 규모별 현황.

매출규모별 음식점 및 종사원의 분포도는 〈표 4-8〉에 제시하였다. 외식업체의 매출 규모현황을 살펴보면, 연매출이 5000만원 미만인 업체가 34.1%를 차지하였으며 연매출 1억 미만인 업체에서 근무하는 종사자가 전체 중 44.9%로 나타났다. 국내 외식업체는 생계형 점포가 주류를 이루고 있는데 이는 타 산업에 비하여 진입 장벽이 매우 낮은 산업으로 인식되고 있기 때문이다. 이로 인해 우리나라의 외식산업은 질적인 성장과 양적인 성장이 균형을 이루지 못하고 있으며 전근대적인 산업구조의 특성을 지니고 있다. 그러나 외식산업은 광범위하고 복잡한 성격을 지닌 산업으로 철저히 준비하지 못할 경우, 실패할 가능성이 매우 높다. 그러므로 외식산업에 대한 올바른 인식과 산업구조의 개선이 필요하다.

〈표 4-6〉 년 매출규모별 음식점 및 종사원 분포도

(2015년 기준)

매출규모	음식점수(개)	(%)	종사원수(명)	(%)
50 백만원 미만	156,598	34.1	282,449	20.2
50~100 백만원	150,523	32.8	347,310	24.7
100~500 백만원	132,474	28.8	503,483	365.9
500~1000 백만원	15,862	3.4	152,236	10.8
1000 백만원 이상	4,294	0.9	118,160	8.4
합계	459,252	100.0	1,403,638	100.0

자료 : 통계청(2015). 도소매업 조사-시도/산업/매출액 규모별 현황.

2. 외식산업 성장과 매출현황

1) 외식산업의 성장 추이

외식업은 국민경제에 있어서 중요한 위치를 차지하고 있는데, 2015년 기준 외식업의 부가가치가 전 사업 부가가치에서 차지하는 비중이 2.6%를 차지하고 있으며 1995년부터 2014년까지 매년 5.86%씩 성장해 왔다.

외식산업 규모도 지속적으로 성장해왔다. 외식산업의 총 매출액은 1997년 30.2조 원에서 2015년 79.6조 원으로 지난 16년 간 연평균 6.2%씩 증가하였으며, 종사자 수도 1997년 127만 명에서 2015년에 182만 명 규모로 매년 2.3%씩 증가해 왔다. 반면 사업체 수는 1997년 55만개에서 2015년 64만개로 매년 0.9%씩 서서히 증가해왔다.

한편, 가계 소비지출에 있어서도 소득의 증가와 함께 두드러진 변화가 외식비의 증가이다. 지난 1990년 우리나라 도시 근로자 가구당 월평균 외식비지출은 4만8000원에서 2014년 33만1000원으로 증가하였다. 소비지출에서 차지하는 외식비의 비중 또한 1990년 8.0%에서 꾸준히 상승하여 2014년 12.9%로 크게 증가하였다. 식료품비가 차지하는 비중(14.1%)과 비슷한 수준이다. 이러한 가계의 외식비 지출 증가와 함께 외식시장은 급속한 성장을 보이며, 빠른 변화를 거듭하고 있다.

외식산업이 국내 산업에서 중요한 경제적 위치를 차지하게 된 배경은 사회 · 경제 · 문화 · 기술적 요인으로 나누어 볼 수 있다. 첫째, 경제적 요인으로서 국민소득의 증가에 따라 가처분 소득과 생활수준의 향상이 외식의 기회를 증대시키고 있고, 주 5일근무제에 따른 여가시간의 확대 그리고 대기업들의 외식시장 참여, 그리고 FTA와 같은 시장개방 등이 있다.

둘째, 사회적 요인으로서 여성의 사회진출 확대는 외식행위의 결정요인인 수입증대를 가져와 외식산업 발전에 기여하는 중요한 요인이 되었고, 외식수요를 증가시키는 요인으로 1~2인 가구 증가를 빼놓을 수 없다.

셋째, 문화적 요인으로 간편하게 먹을 수 있는 편의식 수요 증가와 식생활 패턴의 서구화 현상은 외식형태의 변화뿐만 아니라 외식시장 전반에 큰 영향을 미치고 있다.

넷째, 기술적 요인으로 컴퓨터와 주방 기기의 현대화 등 기술적 환경변화 요인은 외식산업을 산업화시키는 계기가 되었고, 정보화산업의 발달에 따라 다양한 형태로 외식산업에 대한 정보를 얻을 수 있게 되었다.

다섯째, IMF 위기 이후 프랜차이즈 붐이 확산되면서 프랜차이즈의 절반 이상이 외식 프랜차이즈일 정도로 외식 창업 붐이 일어난 점도 외식산업 성장에 기여를 했다고 할 수 있다. 특히 2000년대 들어와서 확산된 외식 프랜차이즈는 베이비부머 임금근로자의 은퇴 증가와 함께 이들 베이비부머들이 프랜차이즈 가맹이 증가하면서 나타나는 현상으로 풀이된다.

여섯째, 또한 해외브랜드와 대기업의 외식시 차이를 보이는데(최고 : 인천 323.6억 원, 최저 : 제주 75.1억 원), 이는 지역에 분포된 주요 업종등에 영향을 받는 것으로 보인다.

2015년 종사자 10인 이상 식품제조업체 중 종사자 50인 미만 사업체수가 전체의 81.4%이고 2002년 이후 계속해서 80% 수준을 유지하고 있으며, 식품제조업체 중 대기업(종사자 300인 이상)의 비중은 극히 적은 것으로 나타났다(2004년 : 55개 → 2015년 : 42개소). 또한 식품제조업체의 81.4%에 달하는 50인 미만 소규모 사업체의 종사자수 비중은 전체의 42.9%, 출하액 비중은 29.4%에 불과해 영세한 업체가 많이 있음을 보여준다.

2) 외식산업 사업체수와 매출액

2015년 외식산업 사업체수는 63만6000개로 지난 10년간 50만개 이상 수준을 유지하고 있다. 종사자수는 182만4000명으로 2003년 159만5000명보다 14.4% 증가하였고, 매출액은 79.6조원으로 2003년 44.3조원에 비해 79.7% 증가하여 큰 증가세를 보였다.

외식산업 1개 사업체당 매출액(매출액/사업체수)은 2013년 125.1 백만원으로 2003년 73.1백만원에 비해 71.2% 증가하였고, 종사자 1 인당 매출액(매출액/종사자수)은 2013년 43.6백만원으로 2003년 27.8백만원에 비해 56.8% 증가하였다.

업종별 내역을 보면 한식당 사업체수가 29만9000개, 매출액은 35.7조원으로 전체 음식점업 사업체 및 매출액의 절반 정도를 차지 하고 있다. 업체당 매출액은 기관구내식당, 서양식, 중식이 다른 업 종에 비해 높은 편으로 나타났다. 2013년 한식당 사업체수는 2011 년 대비 3.5% 증가했으며, 매출액도 5.4% 증가하여 업체당 매출액 은 전년 대비 1.6% 증가한 것으로 나타났다.

지역별로는 경기(12만7000개)와 서울(11만7000개) 지역에 전국 음 식점업 사업체 중 38.3%가 분포하고 있고, 종사자수 및 매출액도 서 울과 경기 지역이 가장 많은 것으로 나타났다.

업체당 매출액은 서울(1.67억원), 경기(1.4억원), 대전(1.4억원), 인천(1.29억원), 울산(1.27억원) 등 대다수 지역이 1억원 이상이고, 강원(0.87억원), 전남(0.89억원) 지역이 9000만원 미만으로 다른 지역에 비해 낮은 수준을 보였다.

〈표 4-7〉 음식점업 시도별 현황(2015)

구분	사업체수	사업체수 비중	종사자수	매출액	업체당 매출액	1인당 매출액
전국	635.7	100	1,824.2	79,579.6	125.1	43.6
서울	116.8	18.4	409.1	19,559.5	167.4	47.8
부산	47.1	7.4	135.7	5,921.2	125.6	43.6
대구	31.4	4.9	84.8	3,513.7	112.0	41.5
인천	29.8	4.7	85.1	3,845.9	128.9	45.2
광주	17.1	2.7	50.3	2,163.1	126.3	43.0
대전	18.3	2.9	54.2	2,559.1	140.0	47.2
울산	16.1	2.5	42.9	2,043.7	126.9	47.6
세종	1.6	0.2	4.1	185.2	116.7	44.7
경기	126.7	19.9	387.3	17,754.4	140.1	45.8
강원	29	4.6	68.8	2,521.8	86.9	36.7
충북	22.7	3.6	56.4	2,227.0	98.0	39.5
충남	28.2	4.4	71.8	3,056.2	108.3	42.6
전북	22.7	3.6	60.2	2,202.3	96.9	36.6
전남	25.6	4.0	60.7	2,262.0	88.5	37.3
경북	41.8	6.6	95.6	3,788.9	90.6	39.6
경남	49.9	7.8	125.4	4,906.1	98.3	39.1
제주	10.8	1.7	31.7	1,039.6	96.5	32.8

자료: 통계청(2015)(단위 : 천개, 천명, 10억원, 백만원/개소, 백만원/명).

3) 외식 프랜차이즈 현황

⟨표 4-8⟩ 프랜차이즈 산업 주요 3개국 현황

구분	한국(2015년)	일본(2012년)	미국(2010년)
가맹본부 수	3,482	1,281	2,300
가맹점 수	207,068	240,000	767,000
매출액(년)	약 102조	약 22조 287억 엔	1조 달러
고용인원	124만	200~300만	1,740만
외식업 비중	본부 72% 가맹점 44%	외식업 17.5% (매출기준) 외식업 41.8% (본부기준)	외식업 42% 패스트푸드 31%

우리나라에 프랜차이즈가 도입된 이래 지금까지 비약적인 발전을 이룩하였다. 특히 외식분야의 프랜차이즈 산업은 전체 프랜차이즈 산업에서 큰 비중을 차지하여 괄목할 만한 양적·질적 성장을 거듭해 오고 있다. 공정거래위원회의 정보공개서 등록기준에 의하면 국내 프랜차이즈 가맹본부 수 2,973개 중 2,089개, 즉 70.3%가 외식업체로 조사되었다. 가맹점 수 또한 84,046개로 추정 전체 가맹점수 190,730개의 44%를 차지하고 있다.

<표 4-9> 외식 프랜차이즈 현황

구분	외식가맹본부 수	전체가맹본부 수	외식가맹점 수	전체가맹점 수
2011	1,309(64%)	2,042	60,268(40.5%)	148,719
2012	1,598(66.4%)	2,405	68,068(39.8%)	170,926
2013	1,810(67.5%)	2,678	72,903(41.3%)	176,788
2014	2,089(70.3%)	2,973	84,046(44.1%)	190,730
2015	2,251(72.4%)	3,482	88,953(45.8%)	194,199

<표 4-10> 국내 프랜차이즈 현황(2015 기준)

가맹본부	가맹점
외식업 72%	외식업 46%
서비스업 19%	서비스업 31%
도·소매업 9%	도·소매업 23%

<표 4-11> 국내 프랜차이즈 현황(2015 기준)

년도	가맹본부 수	가맹브랜드 수	직영점 수	가맹점 수
2010년	2,042	2,550	9,477	148,719
2015년	3,482	4,288	12,869	194,199

〈표 4-12〉 국내 프랜차이즈 업종별 브랜드 수(단위:개)

년도	전체	외식업	서비스업	도소매업
2011년	2,947	1,942	593	392
2012년	3,311	2,246	631	434
2013년	3,691	2,263	743	325
2014년	4,288	3,142	793	353

〈표 4-13〉 국내 외식 프랜차이즈 가맹점 수(단위:개)

치킨	한식	주점	피자·햄버거
22,529	20,119	10,934	8,542
커피전문점	**제빵·제과**	**분식·김밥**	**일식·서양식**
8,456	8,247	6,413	2,520

자료 : 통계청(2015) '프랜차이즈 통계'.

3. 수도권 외식업 경영현황

1) 신생률

2015년 수도권 커피숍의 신생률이 22.5%로 타음식점업에 비해 월등히 높았으며 그 외 신생률이 10%를 넘는 업종은 패스트푸드, 경

양식, 일식, 치킨 등이 있다. 이는 비수도권과 격차가 큰 업종은 중
국식, 패스트푸드 등으로 수도권이 각각 2.4% 높고, 2.6% 낮음에 따
라 경기권의 커피숍 신생률은 24.7%로 수도군에서 가장 높은 것으
로 나타났다.

〈표 4-14〉 외식 업종별 신생률(단위:%)

업종	수도권				비수도권
	서울	인천	경기	평균	
한식음식점	7.6	8.1	7.9	7.8	7.1
중식음식점	7.5	5.4	8.4	7.7	5.3
일식음식점	10.7	6.5	11.1	10.5	9.0
경양식음식점	9.9	13.6	11.8	10.6	10.8
패스트푸드점	9.4	10.9	12.1	10.8	13.4
치킨전문점	10.2	10.8	10.7	10.5	10.9
분식음식점	6.4	11.5	11.3	8.5	9.9
주점	9.6	8.4	10.2	9.7	8.0
커피숍	20.7	22.1	24.7	22.5	20.0

자료: 통계청,(2015).

2) 활동업체 수

2015년 수도권 커피숍 활동업체수 증가율은 18.0%로 비수도권보

다 4.9%p 높았는데 이는 수도권 내 모든 시도에서 급격히 증가하였으며 인천과 경기의 경우 각각 20.8%, 20.7%로 20%를 넘어섰다. 경양식 또한 활동업체수 증가율이 비수도권보다 0.3%p 높게 나타났다.

2015년 수도권 패스트푸드 증가율은 2.4%로 비수도권보다 4.6%p 낮았다. 이는 서울의 활동업체수가 0.7% 감소한 것에 기인하고 그외 일식, 치킨 등이 비수도권보다 증가율이 낮았다. 분식의 경우 수도권에서는 활동업체수가 감소한 반면, 비수도권에서는 증가하였다.

〈표 4-15〉 업종별 활동업체수 증감률(단위:%)

업종	수도권				비수도권
	서울	인천	경기	평균	
한식음식점	-1.3	-0.5	-1.1	-1.1	-0.4
중식음식점	0.1	-2.1	0.2	-0.1	-1.6
일식음식점	3.3	0.6	3.4	3.1	3.3
경양식음식점	1.6	5.7	3.5	2.3	2.0
패스트푸드점	-0.7	4.0	5.3	2.4	7.0
치킨전문점	1.4	0.9	2.9	2.1	3.8
분식음식점	-3.4	0.7	1.4	-1.4	1.9
주점	-0.3	0.2	0.9	0.3	1.2
커피숍	15.1	20.8	20.7	18.0	13.1

자료: 통계청,(2015).

3) 5년 생존율

중국식, 일식 등 수도권 음식점 5년 생존율은 50% 이상으로 2009
년 음식점 신생업체가 2015년에 생존하는 비율은 50%를 넘어섰는데
중국식의 5년 생존율은 63.1%, 일식은 38.2%였다. 2009년 신생업체
가 2015년에 생존하는 비율은 커피숍을 제외하고 수도권이 모두 낮
았으며 일식, 중식, 분식의 5년 생존율은 각각 58.2%, 63.1%,
50.4%로 비수도권보다 낮으며, 그 격차는 각각 9.8%, 9.1%, 7.6%
였다. 지역별로는 인천의 경우 6개 업종에서 5년 생존율이 수도권보
다 높았으며, 패스트푸드, 커피숍의 5년 생존율이 두드러진다.

〈표 4-16〉 업종별 5년 생존율(단위:%)

업종	수도권				비수도권
	서울	인천	경기	평균	
한식음식점	55.4	57.0	56.4	56.0	61.7
중식음식점	63.5	69.6	61.4	63.1	72.2
일식음식점	59.5	50.0	57.3	58.2	68.0
경양식음식점	61.4	48.7	59.3	60.5	61.2
패스트푸드점	53.0	69.4	60.4	58.2	63.9
치킨전문점	61.9	54.7	59.8	60.0	63.4
분식음식점	49.9	54.0	49.8	50.4	58.0
주점	59.0	63.9	58.2	59.1	65.7
커피숍	57.4	64.8	48.7	54.5	51.6

자료: 통계청,(2015).

4) 생존기간 분포

패스트푸드와 치킨의 70% 이상, 커피숍의 80% 이상이 10년 내 창업한 업체로 수도권 음식점업 중 분식을 제외한 업종에서 생존기간 10년 미만 비율은 비수도권보다 높다. 커피숍, 패스트푸드, 치킨의 생존기간 10년 미만 비율은 각각 84.5%, 73.7%, 70.3% 이며 일식, 패스트푸드, 커피숍의 생존기간 10년 미만 업체는 서울이 가장 많다.

그리고 분식의 생존기간 10년 미만 업체는 인천이 가장 많았으며 한식, 중식, 경양식, 치킨, 주점의 생존기간 10년 미만 업체는 경기도가 가장 많은 것으로 나타났다.

〈표 4-17〉 수도권 업종별 생존기간 10년 미만 비율

업종	수도권(%)				비수도권(%)
	서울	인천	경기	평균	
한식음식점	53.9	50.4	56.7	54.9	45.9
중식음식점	47.3	45.2	53.7	49.9	37.5
일식음식점	63.5	46.4	62.2	61.7	54.0
경양식음식점	59.4	64.5	64.7	61.2	56.7
패스트푸드점	78.2	73.8	69.4	73.7	62.6
치킨전문점	68.5	69.7	71.6	70.3	66.5
분식음식점	43.6	65.7	64.3	52.7	57.0
주점	58.8	52.0	61.3	59.1	55.3
커피숍	86.5	76.2	84.4	84.5	70.3

자료: 통계청,(2015).

5) 포화도

서울 음식점은 중구에 가장 밀집돼있고, 강남구는 패스트푸드에 집중 되어 있으며 수도권 각 시도내 상주인구 기준 포화도 상위 지역은 다음과 같다.

서울의 한식, 중식, 일식, 치킨, 커피숍은 중구에 집중돼 있고 경양식 및 분식점은 종로구, 패스트푸드는 강남구, 주점은 마포구에 밀집 되어있다.

그리고 인천의 중식, 경양식, 패스트푸드는 중구에 집중돼 있고, 치킨 및 분식은 동구, 일식 및 커피숍은 강화군에 밀집되어있다.

경기도의 한식, 중식, 패스트푸드는 가평군에, 분식, 치킨, 커피숍은 연천군에 집중된 것으로 나타났으며 일식은 평택시, 경양식은 포천시, 주점은 구리시에 밀집 되어있는 것으로 나타났다.

〈표 4-18〉 업종별 상주인구기준 포화도 상위 지역

업종	서울	인천	경기
한식음식점	중구(3.6)	옹진군(2.1)	가평군(3.5)
중식음식점	중구(3.5)	중구(2.3)	가평군(2.8)
일식음식점	중구(3.8)	강화군(1.9)	평택시(2.9)
경양식음식점	종로구(2.9)	중구(2.0)	포천시(3.0)
패스트푸드점	강남구(4.7)	중구(1.5)	가평군(3.6)
치킨전문점	중구(2.4)	동구(1.6)	연천군(2.7)
분식음식점	종로구(3.3)	동구(1.9)	연천군(4.0)
주점	마포구(2.4)	부평구(1.3)	구리시(2.5)
커피숍	중구(3.9)	강화군(1.8)	연천군(3.2)

자료: 통계청,(2015). ( )안은 포화도임.

6) 음식점업 인·허가 현황

2015년 수도권 커피숍, 일식음식점, 패스트푸드점 등의 활동업체 수는 증가한 반면, 분식음식점, 한식음식점, 중식음식점은 감소하였으며 비수도권의 경우 커피숍, 패스트푸드점, 치킨전문점의 증감률은 증가한 반면, 중식음식점, 한식음식점은 감소한 것으로 나타났다.

〈표 4-19〉 2015년 활동업체 현황(단위:개, %)

| | | 전국 | 수도권 | | | | 비수도권 |
			서울	인천	경기	평균	
한식 음식점	개수	289,358	53,092	11,408	58,235	**122,735**	166,623
	증감	-2,015	-680	-56	-623	**-1,359**	-656
	증감률	-0.7	-1.3	-0.5	-1.1	**-1.1**	-0.4
중식 음식점	개수	21,428	4,030	999	3,970	**8,999**	12,429
	증감	-218	4	-21	6	**-11**	-207
	증감률	-1.0	0.1	-2.1	0.2	**-0.1**	-1.6
일식 음식점	개수	12,784	4,844	645	2,499	**7,988**	4,796
	증감	394	155	4	82	**241**	153
	증감률	3.2	3.3	0.6	3.4	**3.1**	3.3
경양식 음식점	개수	27,023	9,463	575	4,141	**14,179**	12,844
	증감	568	148	31	139	**318**	250
	증감률	2.1	1.6	5.7	3.5	**2.3**	2.0
패스트 푸드점	개수	8,283	1,738	366	1,837	**3,941**	4,342
	증감	378	-13	14	93	**94**	284
	증감률	4.8	-0.7	4.0	5.3	**2.4**	7.0
치킨 전문점	개수	36,895	5,745	1,987	8,966	**16,698**	20,197
	증감	1,085	80	18	250	**348**	737
	증감률	3.0	1.4	0.9	2.9	**2.1**	3.8
분식 음식점	개수	41,454	12,075	2,094	7,171	**21,340**	20,114
	증감	73	-423	15	102	**-306**	379
	증감률	0.2	-3.4	0.7	1.4	**-1.4**	1.9
주점	개수	65,775	12,396	3,908	13,941	**30,245**	35,530
	증감	512	-39	6	120	**87**	425
	증감률	0.2	-0.3	0.2	0.9	**0.3**	1.2
커피숍	개수	50,270	11,055	2,446	9,712	**23,213**	27,057
	증감	6,666	1,453	421	1,664	**3,538**	3,128
	증감률	15.3	15.1	20.8	20.7	**18.0**	13.1

부록

창업 및 업종 전환, 신규사업 가이드

〈표 1〉 외식산업의 구성요소

외식산업의 구성요소				
가격	식음료	인적서비스	물적서비스	편리성

〈표 2〉 외식기업 경영형태의 장·단점

방법 구분	초기투자	경험도	사업운영 책임도	실패율	재정 위험도	보상
직영	높다	높다	높다	높다	높다	높다
가맹	보통 이하	최저	보통	보통	보통	보통 이상
인수	보통	높다	높다	높다	높다	높다
위탁	없음	보통 이상	보통	보통	보통	보통 이하

〈표 3〉 업종별 분류

외식산업	음식중심	일반음식점	일반음식점	한식점
				일식점
				양식점
				중식점
				기타
			특수음식점	열차식당
				항공기내식당 기내사업
				선박 내 식당
			숙박시설 내 음식점	호텔 내 식당
				리조트,콘도,여관 내 식당(1970년 이전)
		단체음식	학교	초,중,고,대학
			기업	구내식당
			군대방위시설	군대
				전투경찰
				경찰
				교도소
			병원	구내식당
			사회복지시설	연수원
				양로원
				고아원
	음료중심		찻집,술집	커피전문점
				호프집
				술집(대중유흥업소)
			요정,바	요정
				바
				카바레
				나이트클럽, club

〈표 4〉 한식의 유형별 종류

품목	세부종목	품목	세부종목
해물류	조개찜 조개구이 게찜 바닷가재찜 낙지볶음 굴회 오징어볶음	전류	파전 빈대떡 모듬전 오코노미야키
생선류	갈치구이 코다리찜 광어회 장어구이 장어직화 장어양념구이	국물류	된장찌개 부대찌개 청국장 순두부 북어국
육류-쇠고기	쇠고기등심 쇠고기갈비 쇠고기 불고기 쇠고기 샤브샤브	디저트류-빵	샌드위치 초콜릿 케이크 와플 바게트
육류-돼지고기	돼지고기 삼겹살 돼지갈비 돼지등갈비	디저트류-음료	생과일주스 아이스크림 빙수 생과일 요거트 스무디
육류-닭고기	닭튀김 삼계탕 닭강정 닭갈비	디저트류-커피	커피 북카페 애견카페 키즈카페
육류-족발	냉족발 오븐구이족발 쌈족발	출장음식	도시락 제사음식 홈파티
면류	자장면 짬뽕 냉면 잔치국수 메밀	주류	소주 맥주 생맥주 와인 막걸리
탕류	갈비탕 샤브샤브 설렁탕 삼계탕 매운탕	분식류	순대류 튀김 떡볶이 우동 김밥
한식	비빔밥 쌈밥 영양밥 김밥 죽	뷔페류	패밀리뷔페 해산물뷔페 고기뷔페 샐러드뷔페 디저트뷔페 채식뷔페

〈표 5〉 외식업계 업종별 트렌드 핵심 (키워드)

창업할 수 있는 외식 종목들 간 콜라보레이션(모둠+조합) 메뉴

업종	키워드	상세 키워드
한식	건강한 삶과 간편식 시장확대	4S(safety, show, self, single), 건강, 간편식, 유기농, No MSG, 오픈키친, HMR
패밀리 레스토랑	감성을 추구하는 융복합화	콜라보레이션, 감성, 시장 다각화, 초니치 마켓
치킨	카페형 매장과 스포츠 마케팅	가치소비, 힐링, 프리미엄, 싱글족, 치맥 스포츠 마케팅, 간편식, 안전, 차별화, SNS
주점	복고와 엔도르핀 디쉬	복고, 감성, 소형화, 차별화, SNS 콜라보레이션, 인테리어, 합리적 가격
커피	고급 원두와 부티크 매장	웰빙, 건강한 재료, 소형화, 전문화, 차별화, 콜라보레이션, 고급화, 부티크, 복고, 인테리어, 사회공헌, 해외진출
피자	웰빙과 프리미엄의 합리적 소비	웰빙, 고급화, 합리적 가격, 안전·안심, 스포츠마케팅, 복고·향수, 엔도르핀 디쉬, 콜라보레이션, 소형화, 건강한 재료, 싱글족
이탈리안 레스토랑	착한 소비와 건강한 식생활	착한 소비, 오가닉, 건강, 와인
분식	합리적인 가격과 콜라보레이션	콜라보레이션, 소형화, 프리미엄, 합리적 가격, 소량화, 간편식, 싱글족
패스트푸드	안전하고 합리적인 가격	합리적 가격, 간편식, 싱글족, 안심·안전
디저트	매스티지족의 진정성	콜라보레이션, 건강한 재료, 진정성, 유기농, 프리미엄, 인테리어, 독창성

〈표 6〉 소비자 유형별 기호와 변화

소비자 진화 양상 단계 ▼	새로운 소비자 집단 ▼
마담슈머(Madame + Consumer) 구매 결정권을 가진 주부들의 시각에서 제품 평가	**바이슈머(Buy + Consumer)** 해외에서 판매되는 물품을 직접 구입하는 소비자 (직구족)
⇩ **트라이슈머(Try + Consumer)** 기존 정보에 의존하지 않고 제품을 직접 써본 뒤 평가	**모디슈머(Modify + Consumer)** 제조업체에서 제시하는 방식이 아닌 자신만의 방법으로 재창조 해내는 소비자
⇩ **크리슈머(Creative + Consumer)** 신제품 개발이나 디자인, 서비스 등의 문제에 적극 개입해 의견을 제시	**스토리슈머(Story + Consumer)** 기업에 제품과 관련된 자신의 이야기를 적극적으로 알리는 소비자
⇩ **프로슈머(Producer + Consumer)** 제품의 생산단계에 직접 관여하거나 소비자가 생산까지 담당 ⇩ **가이드슈머(Guide + Consumer)** 기업의 생산현장을 검증하고 잘못된 점은 지적, 잘한 점은 홍보	**쇼루밍족(Showrooming)** 오프라인 매장에서 제품을 보고 온라인을 통해 저렴하게 구매하는 소비자(실속 중시) VS **역쇼루밍족(Reverse Showrooming)** 온라인에서 검색을 통해 제품을 결정한 뒤 오프라인에서 구매하는 소비자

〈표 7〉 외식 브랜드의 구성 요소

브랜드 아이덴티티	브랜드 네임, 브랜드 로고, 브랜드 컬러, 브랜드 캐릭터, 브랜드 슬로건
메뉴	메뉴 구성, 원재료 선택, 조리 방식, 메뉴명, 프리젠테이션, 식기 선택, 메뉴 제공 방식
서비스	서비스 정도, 서비스 방식, 서비스 특성
분위기	SI(Store Identity), 음악(music), 조명(lighting), 유니폼(uniform), 사인(signage)
입지	지역, 입점 형태(free standing/building-in)
가격	가격, 좌석회전율, 식재료비, 인력 및 인건비, 임대료 수준, 할인정책

〈표 8〉 브랜드 아이덴티티의 도출

기능적 속성	맛의 동질성, 볼의 차별성, 메뉴의 다양성, 양의 풍부함, 시간 절약, 이벤트의 독창성, 접근 편의성, 인테리어의 간결성, 가격대비 맛과 양, 가격의 합리성		
이성적 혜택	통일성, 신속성, 다양성, 합리성, 편리성, 독창성, 전문성		
감성적 혜택	신선함, 생동감, 젊음	친근함, 즐거움, 정겨움	편안함, 재미있음
성격	▼ 독특함	▼ 공유성	▼ 편안함
브랜드 아이덴티티	⇩ 스파게티로 특화된 캐주얼 레스토랑		

⟨표 9⟩ 브랜드 콘셉트 키워드의 개발

키워드	내용
다양성	메뉴와 이벤트의 다양성
통일성	각 매장 간 메뉴의 맛, 인테리어의 동질성
합리성	가격대비 맛과 양, 서비스의 만족감
신속성	시간 절약
전문성	네이밍에서의 전문성, 메뉴의 전문성
편리성	접근과 이용, 서비스의 편리성
신선함	음식의 신선함, 신선한 식자재, 이벤트와 제공 방식(홀서비스)의 새로움
생동감	동적이고 활발한 분위기, 생동감 있는 인테리어
젊음	매장 분위기, 주된 색상, 방문하는 고객과 직원의 젊음
친근함	고급스럽지 않고 대중적이며 부담스럽지 않은 친근함
즐거움	밝고 화사한 인테리어와 가격대비 맛과 양이 좋은 것에서 오는 즐거움
정겨움	오픈된 주방이나 인테리어, 함께 나눠먹는 정겨움
편안함	인테리어의 편안함, 위치의 편안함, 서비스나 가격 등의 심리적 편안함
재미	이벤트의 재미, 메뉴를 고르는 재미, 홀서비스의 재미
독특함	홀서비스의 독특함, 패밀리레스토랑과는 다른 분위기와 서비스
공유성	음식을 나눔으로서 얻게 되는 정서의 공유

〈표 10〉 콘셉트 도출 사례

고객 이미지	개성을 추구하는 여대생 (20대 여성)	해외여행 경험이 있는 젊은 세대	신세대 직장인	자유 직업가와 보보스족	아침 일찍 출근하는 직장인
고객 이익	자신만의 공간, 자유롭게 대화	해외에서 경험한 커피 맛	친구와 여유로운 대화, 독특하고 맛있는 장소	다양한 커피 선택, 노트북 PC이용	간단한 빵과 커피
입지 이미지	이대 앞, 대학로, 프레스센터, 명동역, 강남역, 삼성역, 코엑스, 역삼역, 광화문				
고객 서비스	창가 쪽 1인 좌석, 자유공간, 바리스타, 테이크아웃 서비스, 고객 맞춤 커피, 무선 랜 서비스, 포인트제도, 페이스트리				
고객 시나리오	창가에서 음악을 들으며 혼자 책을 본다, 커피향이 나는 포근한 소파에서 친구와 부담 없이 대화한다. 여자 친구와 극장에 가기 전에 만나서 영화 이야기를 하며 즐긴다, 직장 동료와 점심 식사 후 커피를 테이크아웃하여 마신다. 여기저기 뛰어다니다 자투리 시간에 무선 랜을 이용하여 업무를 한다, 일찍 출근하여 회사 근처에서 여유로운 아침을 시작한다.				
목표 콘셉트	세계 최고의 커피를 주문하여 직접 에스프레소 방식으로 즐길 수 있는 커피숍, 혼자 있을 때는 편안하게, 친구와 같이 있을 때는 즐겁게 대화할 수 있는 커피숍, 고객의 오감을 만족시켜주는 문화가 있는 커피숍				

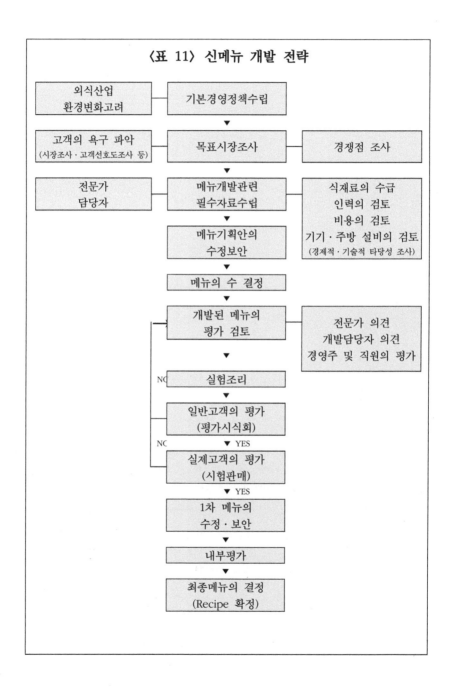

〈표 11〉 신메뉴 개발 전략

| 외식산업 환경변화고려 | 기본경영정책수립 | |

| 고객의 욕구 파악 (시장조사·고객선호도조사 등) | 목표시장조사 | 경쟁점 조사 |

| 전문가 담당자 | 메뉴개발관련 필수자료수립 | 식재료의 수급 인력의 검토 비용의 검토 기기·주방 설비의 검토 (경제적·기술적 타당성 조사) |

메뉴기획안의 수정보안

메뉴의 수 결정

| 개발된 메뉴의 평가 검토 | 전문가 의견 개발담당자 의견 경영주 및 직원의 평가 |

NC 실험조리

일반고객의 평가 (평가시식회)

NC ▼ YES

실제고객의 평가 (시험판매)

▼ YES

1차 메뉴의 수정·보안

내부평가

최종메뉴의 결정 (Recipe 확정)

〈표 12〉 메뉴의 적합성 평가

주요항목 및 평가요소	세부검토사항	
소비기호 (연령별, 직업별)	• 타깃연령대가 좋아하는 음식인가? • 음식이 깔끔하고 정갈한가? • 타깃연령대의 수준에 적합한가? • 계절 메뉴나 계절 식재료를 사용할 수 있는가? • 건강식, 다이어트식, 기능식인가? • 맛 유지와 양은 적절한가? • 메뉴가격대는 어떤가? • 어린이용 메뉴구비와 디저트는 준비되어 있는가? • 가족고객이 좋아하는가? • 단순식사로 적합한가? • 메뉴북은 깨끗하고 설명이 충분한가? • 행사메뉴(모임, 회식, 기타)로 적합한 메뉴인가?	
점포, 입지, 시장	• 주변 시장의 가격대는? • 접근성(편리성)은? • 시장성(시장수요)은? • 적합한 건물인가? • 경쟁상태는? • 성장 가능한 입지인가? • 유동인구는 얼마나 되는가? • 주차시설은 되어 있는가?	• 혐오시설은 없는가? • 홍보성(가시성)은? • 적합한 입지인가? • 점포규모는? • 상권내의 외식 성향은? • 집객 시설이 있는가? • 유동차량은 얼마나 되는가?
경영효율 (경영관리 계수관리)	• 매출이익은? • 객단가는? • 메뉴관리는 용이한가? • 점포관리는? • 구매의 난이도는?	• 회전율은? • 원가(재료비,인건비,제경비)는? • 서비스의난이도는? • 경영주의 메뉴 이해도는? • 직원 채용은?
식사형태	• 조식 • 중식 • 간식 • 석식 • 미드나이트	
판매방식	• 내점(Eat in) • 배달 • 포장판매 • 복합판매 가능성은?	

〈표 13〉 외식 브랜드 주기별 커뮤니케이션 전략

도입기 (사업홍보)	• 모델샵의 영업 활성화에 총력 • 언론에 기사화 • 브랜드 인지도 제고를 통해 계약 유도 • 체험마케팅을 통한 점포 이용유도 • 예비창업자 홍보
성장기 (성공모델의 정착)	• 기획 사업설명회 개최(명강사 초청 등) • 도입기보다는 광고 홍보 효력감소 • 성공사례 만들기 • 성공사례를 바탕으로 한 현장 확인계약 실적 기대 • 경쟁업체 진입 시 탄력적으로 시장 전략 전개
성숙기 (브랜드지명도 확대)	• 성공사례를 중심으로 한 계약 실적 증가 • 브랜드 정체성 관리 강화(표준화, 전문화, 단순화) • 유지광고/홍보시행 • 브랜드 이미지 관리 • 메뉴개발 및 보완
쇠퇴기 (현상유지/ 신규사업)	• 계약실적 쇠퇴 • 브랜드파워 유지 • 고객욕구 분석을 기초로 한 사업 컨셉 조정 • 재정비 및 제2브랜드 런칭 • R&D 성장전략

〈표 14〉 라이프 사이클에 따른 단계별 관리전략

구분	도입기	성장기	성숙기	쇠퇴기
소비자	소비 준비	소비 시작	소비 절정	소비 위축
경쟁업소	미약	증대	극대	감소
창업시기	창업 준비	창업 시작	차별화	업종변경
매출	조금씩 증가	최고로 성장	평행선	하락
제품 (메뉴)	지명도 낮다	지명도 급상승 및 모방 시작	지명도 최고 제품의 다양화	신 메뉴로 대체시기
유통 (판매)	저항이 높고 점두판매위주	저항 약화되고 주문이 쇄도	주문감소 가격파괴현상	가격파괴절정 생존경쟁으로 재정비
촉진	광고 및 PR 활동성행	상표를 강조하고 경쟁적	캠페인활동 성행 및 제품의 차별성 강조	수요는 판촉에 비해 효과가 미흡
가격	높은 수준	가격인하 정책실시	가격최저로 가격에 민감	재정비에 따른 가격 인상정책
커뮤니케이션	체험마케팅을 통한 이용유도	성공사례를 바탕으로 현장실적기대	유지강화 브랜드 정체성 관리강화, 성공사례를 중심으로 계약실적증가	계약실적 쇠퇴, 신규사업진출 모색, 고객욕구분석으로 사업 컨셉 조정
진행기간	1년차	2년차	3년차	4년차

〈표 15〉 외식산업의 소득 수준별 발전

구분	GNP($)	성장과정	주요업체등장
1960년대	100 ~200	식생활의 궁핍 및 침체기(6·25전쟁 후), 밀가루 위주의 식생활 유입(미국 원조품), 분식의 확산 및 식생활 개선 문제 부상	뉴욕제과(67), 개업업소 및 노상 잡상인 대량 출현
1970년대	248 ~ 1,644	영세성 요식업의 우후죽순 출현, 경제 개발 계획에 따른 식생활 향상, 해외브 랜드 도입 및 프랜차이즈 태동, 국내프 랜차이즈 시작 : 난다랑(79.7), 서구식 외식업 시작 : 롯데리아(79.10)	가나안제과(76) 난다랑(79) 롯데리아(79)
1980년대 초반	1,592 ~ 2,158	외식 산업의 태동기(요식업→외식산 업), 영세 난립형 체인점 출현(햄버거, 국수, 치킨 등), 해외 유명브랜드 진출 가속화	아메리카(80) 윈첼(82) 짱구짱구(82) 웬디스(84) KFC(84) 장터국수(84) 신라명과(84) 등
1980년대 후반	2,194 ~ 4,127	외식산업의 적응 성장기(중소기업, 영 세업체난립), 식생활의 외식화·레저 화·가공식품화 추세, 패스트푸드 및 프랜차이즈 중심 시장 선도, 패밀리 레 스토랑·커피숍·호프점·베이커리·양 념치킨 등 약진	맥도날드(86) 피자인(88) 코코스(88) 도투루(89) 나이스데이(89) 만리장성(86)
1990년대 초반	5,569 ~ 10,000	외국산업의 전환기(95년 산업으로서 정착), 중·대기업의 신규진출 러시 및 유명브랜드 도입, 프랜차이즈 급성장 및 도태, 시스템 출현(외식근대화)	나이스데이 씨즐러 스카이락 TGIF 등 아웃백, 빕스, 베 니건스, 애슐리, 마르쉐 등

구분	GNP($)	성장과정	주요업체등장
1990년대 후반	6,500 ~ 9,800	IMF로 경기침체, 전체적인 침체, 불황 중 실직자들의 생계수단과 고용 창출 효과, 침체기에도 꾸준한 성장을 이룸, 다양한 형태의 소비패턴에 따른 점포의 변화	서울 경기지역 외식기업 포화 상태로 지방음식의 체인화와 수도권 중심의 패밀리 레스토랑의 지방 진출과 발전
2000년대 초반	10,000-15,000	웰빙 문화로 인한 패스트푸드의 변화, 광우병파동으로 일부 산업 심각한 타격, 조류독감으로 치킨업계 일시적인 위기, 꾸준한 발전으로 전체 국민 노동력의 50%이상 고용 창출한 거대산업으로 발전	프랜차이즈 포화, 국내 브랜드 등장
2000년대 후반	15,000-21,500	국내브랜드 프랜차이즈 대거 등장 및 대기업·식품업계의 외식산업 진출, 대기업 3세들의 외식산업진출(신세계:스타벅스로부터시작-투썸플레이스 등)	(할리스, 카페베네 등)
2010년대 초반	21,500 ~ 25,000	경기침체와 세월호 사건으로 인한 외식위주의 식단이 집으로 이동, 정부규제에 의한 외식분야와 식품분야의 위축	대기업 진출에 대한 정부규제, 상생과 공생의 기업 논리
2010년대 후반	25,000 ~ 30,000	대기업 외식산업이 상생과 공생을 내세운 중소기업 외식 정책으로 변화, 대기업의 외식산업 진출 금지, 외식문화의 침체기와 과다 경쟁	CS를 통한 기업 이익과 고객만족 공존

〈표 16〉 한국의 외식산업 발전과정

연대	발전내용	주요업체
1960년대 이전	• 전통 음식점 중심의 음식업 태동기 • 식생활 및 식습관의 가내 주도형 • 식량지원 부족(생존단계)	• 이문설렁탕(1907) • 용금옥(1930) • 한일관(1934) • 조선옥(1937) • 안동장(1940) • 고려당(1945) • 남포면옥(1948)
1960년대	• 6·25전쟁 후 식생활 궁핍 및 음식업 침체기 • 혼분식 확산(미국원조 밀가루 위주의 식생활)	• 삼양라면 최초 시판(1963) • 비어홀(1964) • 코카콜라(1966) • 뉴욕제과 신세계 본점 프랜차이즈 1호점(1968)
1970년대	• 해외브랜드 도입기 • 프랜차이즈 태동기 • 대중음식점 출현	• 난다랑(1979) 국내 프랜차이즈 1호 • 롯데리아(1979) 서구식 외식 시스템 시발점
1980년대	• 외식산업 전환기 • 해외브랜드 진출 가속화 • 국내 자생브랜드 난립 • 부산 아시안 게임(1986) • 서울 올림픽(1988)	• 아메리카나(1980) • 서울 프라자 호텔이 여의도 전경련 빌딩, 프라자(한식당), 도원(중식당), 연회장 운영(1980) • 윈첼도우넛, 버거킹(1982) • 서울 프라자호텔 열차식당 운영(1983) • 웬디스, 피자헛, KFC(1984) • 맥도널드(1986) • 피자인, 코코스, 크라운베이커리, 나이스데이, 놀부보쌈(1988)

연대	발전내용	주요업체
1990년대	• 외식산업 성장기 • 대기업 외식산업 진출 • 패밀리레스토랑 진출 • 전문점 태동	• TGIF 판다로시(1992) • 시즐러(1993) • 데니스, 스카이락, 케니로저스 　(1994) • 토니로마스, 베니건스, 블루노 　트, BBQ(1995) • 마르쉐(1996) • 칠리스, 우노, 아웃백스테이크 　하우스(1997)
2000년대	• 외식산업의 전성기 • 식품업계의 외식산업 진출 • 대기업의 외식산업 점령 • 골목상권 장악 • 자금력에 의한 규모화	• 커피(음료)전문점의 강세, 포화 • 해외진출사례 (할리스 토종브랜 　드)
2010년	정부의 규제와 경기침체로 인 한 외식산업 침체기, 외식업의 다 양화를 통한 커피전문점의 활성화 를 꾀하고 있으나 국내포화로 인 한 도산위기, 해외진출의 판로가 절실	• 첫손님가게(2013년2월) -기부문 　화의 정착 • 공생과 상생의 기로 • 대기업의 골목상권진출 금지 　등
2020년	• 프랜차이즈를 중심으로 한 한 　류 K-Food 확산 • 해외 진출 본격화 • 맛, 웰빙, 디테일이 주도 • 성장 정체	• 놀부 NBG • 치킨 브랜드 • CJ 푸드빌 해외 100호점(2012) • 파리바게트(2015년 해외 200호 　점 개설)

〈표 17〉 국내 프랜차이즈 산업의 변천사

시대별	구분	주요 브랜드 및 이슈
1970년대	**태동기** • 프랜차이즈 산업모델 국내 첫선 • 기업형 프랜차이즈 탄생	• 1977년 림스치킨 • 1979년 7월 국내 프랜차이즈 1호점 난다랑(동숭동) • 1979년 10월 롯데리아 소공동
1980년대	**도입 및 성장기** • 패스트푸드 도입에 따라 대기업 외식업진출 • 해외 패스트푸드 프랜차이즈 국내 진출 • 한식 프랜차이즈시작 (놀부보쌈/송가네왕족발/ 감미옥 등) • 88서울 올림픽 개최	• 1982년 페리카나 • 1983년 장터국수 • 1984년 KFC/버거킹/웬디스 • 1985년 피자헛/피자인/베스킨라빈스 • 1986년 파리바게트 • 1987년 투다리 • 1988년 코코스 • 1989년 도미노피자/놀부/멕시카나
1990년대	**성숙기** • 국내 프랜차이즈 기반 구축 • 국내 최초 패밀리 레스토랑 개념 도입 • 1988년 외환위기 • 1989년 (사)한국 프랜차이즈산업협회 설립	• 1990년 미스터피자 • 1991년 원할머니보쌈/교촌치킨 • 1992년 맥도날드/TGIF 사업개시 • 1993년 한솥도시락/미다래/파파이스 • 1994년 데니스/던킨도너츠 • 1995년 베니건스/토니로마스/씨즐러/ BBQ • 1996년 김가네/마르쉐/쇼부 • 1997년 빕스/아웃백스테이크/칠리스/ 우노 • 1998년 쪼끼쪼끼/스타벅스/코바코 • 1999년 BBQ 국내 최초 가맹점 1000호점 달성 • 1999년 (사)한국프랜차이즈협회 설립인가

시대별	구분	주요 브랜드 및 이슈
2000년대	**해외진출 초창기 일부 업종 포화기** • 국내 외식브랜드 중국, 일본 등 해외진출 가속화 2002년 한일 월드컵 개최 • 치킨프랜차이즈 붐업	• 2000년 미소야, 투다리 중국 청도 진출 • 2001년 퀴즈노스/매드포갈릭/사보텐/파스쿠찌 • 2002년 파파존스/본죽, 분쟁조정협의회 설치 • 2003년 프레쉬니스버그/명인만두/피쉬앤그릴/BBQ 중국 진출 • 2004년 크리스피크림도넛 • 2005년 뚜레쥬르 중국 진출 • 2006년 토다이, 놀부 일본 진출 • 2007년 BBQ 싱가포르 진출
2010년대	**저성장기 해외진출 가속화** • 식재료 수급 불안정 • 해외진출 가속화 • 외식업관련 법과 제도 정비 • 중소기업 적합업종 선정 • 대기업 빵집 사업 철수 • 공정위 모범거래기준안 발표 • 가맹사업법 추진 • 음식점 금연구역 전면시행(2015) • 디저트 업종 활성화 • 일본, 유럽 등 해외디저트브랜드 도입 활발 • 소프트아이스크림, 팥빙수, 츄러스 등 브랜드 활성화	• 2010년 채선당 인도네시아 진출 • 2012년 파리바게뜨 중국 100호점, CJ푸드빌 해외 100호점 • 2011년 놀부 NBG, 美 모건스탠리PE에 지분 매각, 제스터스, 잠바주스, 망고식스 • 2012년 베코와플, 투뿔등심, 와플트리, 모스버거 • 2013년 바르다김선생, 고봉민김밥, 설빙, 깐부치킨, 이옥녀팥집, 족발중심, 미스터시래기, 고디바, 소프트리 • 2014년 자연별곡, 올반, 계절밥상 등 한식뷔페 • 2015년 11월 미스터 피자 중국 100호점 출점 • 2015년 12월 파리바게트 해외 200호점

〈표 18〉 시대별 외식브랜드(메뉴)콘셉트의 변화추이

메뉴	시대	외식 브랜드
햄버거	1980~1985	롯데리아, 아메리카나, 빅웨이
면류	1986~1988	장터국수, 다림방, 다전국수, 민속마당, 국시리아, 참새방앗간
양념치킨	1988~1990	페리카나, 처갓집, 림스치킨
보쌈	1990~1992	놀부보쌈, 촌집보쌈, 할매보쌈
우동		언가, 천수, 나오미, 기소야
신개념퓨전 레스토랑		(피자, 햄버거, 아이스크림, 통닭 등 모두 판매) 굿후렌드, 코넬리아, 아톰플라자, 해피타임
쇠고기뷔페	1992~1993	엉클리 외
커피		샤뎅, 미스터커피, 왈츠, 브레머
피자	1993~1994	시카고피자, 피자헛, 도미노피자
피자뷔페	1994~1996	베네벤토, 아마또, 오케이, 베니토, 카이노스
탕수육		탕수 탕수 외
김밥		종로김밥, 김가네김밥, 압구정김밥
조개구이	1996~1997	조개굽는 마을, 미스조개 열받네, 바다이야기, 조개부인 바람났네
칼국수		봉창이해물칼국수, 유가네칼국수, 우리밀칼국수
북한음식		모란각, 통일의 집, 고향랭면, 발용각, 진달래각
요리주점	1997~1999	투다리, 칸, 천하일품, 대길, 기린비어페스타

메뉴	시대	외식 브랜드
찜닭		봉추찜닭, 고수찜닭, 계백찜닭
참치		참치명가, 동신참치, 동원참치
에스프레소 커피	1999~2001	할리스, 커피빈, 프라우스타, 이디야
돈가스		라꾸라꾸, 하루야, 패밀리언
생맥주		쪼끼쪼끼, 해피리아, 블랙쪼끼, 비어캐빈
아이스크림		레드망고, 아이스베리
회전초밥	2001~2003	스시히로바, 사까나야, 기요스시
하우스맥주		오키스브로이하우스, 플래티늄, 도이치브로이하우스
불닭		홍초불닭, 화계, 땡초불닭
퓨전 오므라이스		오므토토마토, 오므라이스테이, 오므스위트, 에그몽
중저가 샤브샤브	2004~2005	정성본, 채선당, 어바웃샤브
베트남 쌀국수		호아빈, 포베이, 포메인, 포타이

메뉴	시대	외식 브랜드
해물떡찜	2006~2007	해물떡찜0410, 크레이지페퍼, 홍가네해물떡찜
정육형 고깃집	2006~2007	다하누촌, 산외한우마을
저가 쇠고기		아지매, 우스, 꽁돈, 우쌈, 우마루, 행복한 우담
국수	2008~2009	(비빔국수, 잔치국수)망향비빔국수, 명동할머니국수, 산두리비빔국수, 닐니리맘보
일본라멘		하코야, 멘쿠샤, 라멘만땅, 이찌멘
카페	2008~2013	스타벅스, 카페베네, 파리바게뜨
떡볶이	2011~2012	아딸, 죠스, 국대, 동대문엽기떡볶이
샐러드, 집밥	2013~2014	샐러드뷔페, 계절밥상, 자연별곡
디저트카페	2015~2017	몽슈슈, 초코렛바, 빙수 등 디저트

〈표 19〉 업종별 음식점업 현황(2015년 기준)

분류		업체수		종사자수	
		(개)	%	(명)	%
음식점업	한식점업	299,477	65.1	841,125	59.9
	한식점 제외한 총합	159,775	34.9	562,513	40.1
	중국 음식점업	21,503	4.7	76,608	5.5
	일본 음식점업	7,466	1.6	33,400	2.4
	서양 음식점업	9,954	2.2	67,279	4.8
	기타 외국식 음식점업	1,588	0.3	8,268	0.6
	기관 구내 식당업	7,830	1.7	48,000	3.4
	출장 및 이동 음식업	511	0.1	2,620	0.2
	기타 음식점업	110,923	24.2	326,338	23.2
	소계	459,252	100.0	1,403,638	100.0
주점 및 비알콜 음료점업		176,488		420,576	
음식점업(합계)		635,740		1,824,214	

〈표 20〉 사업장 면적규모별 음식점 분포도(2015년 기준)

사업장 면적규모		음식점수(개)	(%)
30㎡ 미만	(9.3평)	75,977	12.0
30㎡~50㎡	(9.3평~15.4평)	131,003	20.6
50㎡~100㎡	(15.4평~30.9평)	271,277	42.7
100㎡~300㎡	(30.9평~92.6평)	135,299	21.3
300㎡~1,000㎡	(92.6평~302.5평)	19,856	3.1
1,000㎡~3,000㎡	(302.5평~907.5평)	2,057	0.3
3,000㎡	(907.5평)	271	0.1
합 계		635,740	100.0

〈표 21〉 종사자 규모별 음식점(주점업포함)

(2015년 기준)

종사자규모	음식점수(개)	(%)	종사자수(명)	(%)
1~4명	559,338	88.0	1,170,619	64.2
5~9명	61,176	9.6	375,014	20.6
10~19명	11,685	1.8	147,249	8.0
20명 이상	3,541	0.6	131,332	7.2
합계	635,740	100.0	1,824,214	100.0

〈표 22〉 년 매출규모별 음식점 및 종사원 분포도

(2015년 기준)

매출규모	음식점수(개)	(%)	종사원수(명)	(%)
50 만원 미만	156,598	34.1	282,449	20.2
50~100만원	150,523	32.8	347,310	24.7
100~500만원	132,474	28.8	503,483	365.9
500~1000만원	15,862	3.4	152,236	10.8
1000만원 이상	4,294	0.9	118,160	8.4
합계	459,252	100.0	1,403,638	100.0

⟨표 23⟩ 음식점업 시도별 현황(2015)

구분	사업체수	사업체수 비중	종사자수	매출액	업체당 매출액	1인당 매출액
전국	635.7	100	1,824.2	79,579.6	125.1	43.6
서울	116.8	18.4	409.1	19,559.5	167.4	47.8
부산	47.1	7.4	135.7	5,921.2	125.6	43.6
대구	31.4	4.9	84.8	3,513.7	112.0	41.5
인천	29.8	4.7	85.1	3,845.9	128.9	45.2
광주	17.1	2.7	50.3	2,163.1	126.3	43.0
대전	18.3	2.9	54.2	2,559.1	140.0	47.2
울산	16.1	2.5	42.9	2,043.7	126.9	47.6
세종	1.6	0.2	4.1	185.2	116.7	44.7
경기	126.7	19.9	387.3	17,754.4	140.1	45.8
강원	29	4.6	68.8	2,521.8	86.9	36.7
충북	22.7	3.6	56.4	2,227.0	98.0	39.5
충남	28.2	4.4	71.8	3,056.2	108.3	42.6
전북	22.7	3.6	60.2	2,202.3	96.9	36.6
전남	25.6	4.0	60.7	2,262.0	88.5	37.3
경북	41.8	6.6	95.6	3,788.9	90.6	39.6
경남	49.9	7.8	125.4	4,906.1	98.3	39.1
제주	10.8	1.7	31.7	1,039.6	96.5	32.8

〈표 24〉 프랜차이즈 산업 주요 3개국 현황

구분	한국(2015년)	일본(2012년)	미국(2010년)
가맹본부 수	3,482	1,281	2,300
가맹점 수	207,068	240,000	767,000
매출액(년)	약 102조	약 22조 287억 엔	1조 달러
고용인원	124만	200~300만	1,740만
외식업 비중	본부 72% 가맹점 44%	외식업 17.5% (매출기준) 외식업 41.8% (본부기준)	외식업 42% 패스트푸드 31%

〈표 25〉 외식 프랜차이즈 현황

구분	외식가맹 본부 수	전체가맹 본부 수	외식가맹점 수	전체가맹점 수
2011	1,309(64%)	2,042	60,268(40.5%)	148,719
2012	1,598(66.4%)	2,405	68,068(39.8%)	170,926
2013	1,810(67.5%)	2,678	72,903(41.3%)	176,788
2014	2,089(70.3%)	2,973	84,046(44.1%)	190,730
2015	2,251(72.4%)	3,482	88,953(45.8%)	194,199

〈표 26〉 국내 프랜차이즈 현황(2015 기준)

가맹본부
외식업 72%
서비스업 19%
도·소매업 9%

가맹점
외식업 46%
서비스업 31%
도·소매업 23%

〈표 27〉 국내 프랜차이즈 현황(2015 기준)

년도	가맹본부 수	가맹브랜드 수	직영점 수	가맹점 수
2010년	2,042	2,550	9,477	148,719
2015년	3,482	4,288	12,869	194,199

〈표 28〉 국내 프랜차이즈 업종별 브랜드 수(단위:개)

년도	전체	외식업	서비스업	도소매업
2011년	2,947	1,942	593	392
2012년	3,311	2,246	631	434
2013년	3,691	2,263	743	325
2014년	4,288	3,142	793	353

〈표 29〉 국내 외식 프랜차이즈 가맹점 수(단위:개)

치킨	한식	주점	피자·햄버거
22,529	20,119	10,934	8,542
커피전문점	제빵·제과	분식·김밥	일식·서양식
8,456	8,247	6,413	2,520

〈표 30〉 외식 업종별 신생률(단위:%)

업종	수도권				비수도권
	서울	인천	경기	평균	
한식음식점	7.6	8.1	7.9	**7.8**	7.1
중식음식점	7.5	5.4	8.4	**7.7**	5.3
일식음식점	10.7	6.5	11.1	**10.5**	9.0
경양식음식점	9.9	13.6	11.8	**10.6**	10.8
패스트푸드점	9.4	10.9	12.1	**10.8**	13.4
치킨전문점	10.2	10.8	10.7	**10.5**	10.9
분식음식점	6.4	11.5	11.3	**8.5**	9.9
주점	9.6	8.4	10.2	**9.7**	8.0
커피숍	20.7	22.1	24.7	**22.5**	20.0

〈표 31〉 업종별 활동업체수 증감률(단위:%)

업종	수도권				비수도권
	서울	인천	경기	평균	
한식음식점	-1.3	-0.5	-1.1	**-1.1**	-0.4
중식음식점	0.1	-2.1	0.2	**-0.1**	-1.6
일식음식점	3.3	0.6	3.4	**3.1**	3.3
경양식음식점	1.6	5.7	3.5	**2.3**	2.0
패스트푸드점	-0.7	4.0	5.3	**2.4**	7.0
치킨전문점	1.4	0.9	2.9	**2.1**	3.8
분식음식점	-3.4	0.7	1.4	**-1.4**	1.9
주점	-0.3	0.2	0.9	**0.3**	1.2
커피숍	15.1	20.8	20.7	**18.0**	13.1

〈표 32〉 업종별 5년 생존율(단위:%)

업종	수도권				비수도권
	서울	인천	경기	평균	
한식음식점	55.4	57.0	56.4	**56.0**	61.7
중식음식점	63.5	69.6	61.4	**63.1**	72.2
일식음식점	59.5	50.0	57.3	**58.2**	68.0
경양식음식점	61.4	48.7	59.3	**60.5**	61.2
패스트푸드점	53.0	69.4	60.4	**58.2**	63.9
치킨전문점	61.9	54.7	59.8	**60.0**	63.4
분식음식점	49.9	54.0	49.8	**50.4**	58.0
주점	59.0	63.9	58.2	**59.1**	65.7
커피숍	57.4	64.8	48.7	**54.5**	51.6

〈표 33〉 수도권 업종별 생존기간 10년 미만 비율

업종	수도권(%)				비수도권(%)
	서울	인천	경기	평균	
한식음식점	53.9	50.4	56.7	**54.9**	45.9
중식음식점	47.3	45.2	53.7	**49.9**	37.5
일식음식점	63.5	46.4	62.2	**61.7**	54.0
경양식음식점	59.4	64.5	64.7	**61.2**	56.7
패스트푸드점	78.2	73.8	69.4	**73.7**	62.6
치킨전문점	68.5	69.7	71.6	**70.3**	66.5
분식음식점	43.6	65.7	64.3	**52.7**	57.0
주점	58.8	52.0	61.3	**59.1**	55.3
커피숍	86.5	76.2	84.4	**84.5**	70.3

〈표 34〉 업종별 상주인구기준 포화도 상위 지역

업종	서울	인천	경기
한식음식점	중구(3.6)	옹진군(2.1)	가평군(3.5)
중식음식점	중구(3.5)	중구(2.3)	가평군(2.8)
일식음식점	중구(3.8)	강화군(1.9)	평택시(2.9)
경양식음식점	종로구(2.9)	중구(2.0)	포천시(3.0)
패스트푸드점	강남구(4.7)	중구(1.5)	가평군(3.6)
치킨전문점	중구(2.4)	동구(1.6)	연천군(2.7)
분식음식점	종로구(3.3)	동구(1.9)	연천군(4.0)
주점	마포구(2.4)	부평구(1.3)	구리시(2.5)
커피숍	중구(3.9)	강화군(1.8)	연천군(3.2)

〈표 35〉 2015년 활동업체 현황(단위:개,%)

| | | 전국 | 수도권 | | | | 비수도권 |
			서울	인천	경기	평균	
한식 음식점	개수	289,358	53,092	11,408	58,235	**122,735**	166,623
	증감	-2,015	-680	-56	-623	**-1,359**	-656
	증감률	-0.7	-1.3	-0.5	-1.1	**-1.1**	-0.4
중식 음식점	개수	21,428	4,030	999	3,970	**8,999**	12,429
	증감	-218	4	-21	6	**-11**	-207
	증감률	-1.0	0.1	-2.1	0.2	**-0.1**	-1.6
일식 음식점	개수	12,784	4,844	645	2,499	**7,988**	4,796
	증감	394	155	4	82	**241**	153
	증감률	3.2	3.3	0.6	3.4	**3.1**	3.3
경양식 음식점	개수	27,023	9,463	575	4,141	**14,179**	12,844
	증감	568	148	31	139	**318**	250
	증감률	2.1	1.6	5.7	3.5	**2.3**	2.0
패스트 푸드점	개수	8,283	1,738	366	1,837	**3,941**	4,342
	증감	378	-13	14	93	**94**	284
	증감률	4.8	-0.7	4.0	5.3	**2.4**	7.0
치킨 전문점	개수	36,895	5,745	1,987	8,966	**16,698**	20,197
	증감	1,085	80	18	250	**348**	737
	증감률	3.0	1.4	0.9	2.9	**2.1**	3.8
분식 음식점	개수	41,454	12,075	2,094	7,171	**21,340**	20,114
	증감	73	-423	15	102	**-306**	379
	증감률	0.2	-3.4	0.7	1.4	**-1.4**	1.9
주점	개수	65,775	12,396	3,908	13,941	**30,245**	35,530
	증감	512	-39	6	120	**87**	425
	증감률	0.2	-0.3	0.2	0.9	**0.3**	1.2
커피숍	개수	50,270	11,055	2,446	9,712	**23,213**	27,057
	증감	6,666	1,453	421	1,664	**3,538**	3,128
	증감률	15.3	15.1	20.8	20.7	**18.0**	13.1

⟨표 36⟩ 국내 주요 50개 외식업체 2016년 실적

	법인명	대표브랜드	매출액		
			2016년	증감률	2015년
1	파리크라상	파리바게뜨	1,777,178,739,028	2.86%	1,727,743,711,101
2	CJ푸드빌	빕스	1,250,423,221,494	3.66%	1,206,274,856,583
3	스타벅스코리아	스타벅스	1,002,814,318,251	29.58%	773,900,207,510
4	롯데GRS	롯데리아	948,881,502,698	-1.17%	960,107,706,719
5	이랜드파크	애슐리	805,448,929,846	11.06%	725,259,064,288
6	농협목우촌	또래오래	539,706,247,053	06.05%	574,447,698,787
7	비알코리아	던킨도너츠	508,589,410,709	-2.24%	520,244,187,126
8	교촌에프앤비	교촌치킨	291,134,570,511	13.03%	257,568,343,023
9	비케이알	버거킹	253,165,340,964	-9.10%	278,519,490,955
10	제너시스BBQ	BBQ	219,753,548,128	1.80%	215,859,733,466
11	청오디피케이	도미노피자	210,258,669,230	7.61%	195,397,386,682
12	해마로푸드서비스	맘스터치	201,871,094,029	35.82%	148,630,305,769
13	에스알에스코리아	KFC	177,025,154,533	1.32%	174,724,909,649
14	더본코리아	새마을식당	174,871,404,102	41.18%	123,861,782,375
15	본아이에프	본죽	161,915,426,742	12.99%	143,298,606,904
16	이디야	이디야커피	153,544,611,986	13.30%	135,521,376,709
17	지앤푸드	굽네치킨	146,963,838,585	49.35%	98,403,070,608
18	커피빈코리아	커피빈	146,020,774,483	5.10%	138,938,692,307
19	할리스에프앤비	할리스커피	128,620,870,080	18.45%	108,584,230,041
20	놀부	놀부부대찌개	120,371,880,274	0.61%	119,644,883,536
21	엠피그룹	미스터피자	97,057,713,543	-12.03%	110,334,442,101
22	한솥	한솥도시락	93,450,170,833	8.69%	85,977,883,670
23	탐앤탐스	탐앤탐스	86,904,811,559	-2.09%	88,763,650,721
24	아모제푸드	카페아모제	77,709,476,186	-10.79%	87,021,856,784
25	카페베네	카페베네	76,579,195,280	-30.45%	110,110,201,113
26	토다이코리아	토다이	75,712,432,549	1.81%	74,366,111,820
27	원앤원	원할머니보쌈	75,335,571,616	-1.76%	76,685,431,644
28	디딤	신마포갈매기	65,752,103,510	6.20%	61,915,832,179
29	엔티스	경복궁	64,214,566,518	0.04%	64,191,883,374
30	전한	강강술래	62,605,427,065	16.76%	53,617,791,947

	법인명	대표브랜드	영업이익		
			2016년	증감률	2015년
1	파리크라상	파리바게뜨	66,466,341,645	-2.83%	68,401,992,788
2	CJ푸드빌	빕스	7,612,835,874	-27.61%	10,515,825,667
3	스타벅스코리아	스타벅스	85,263,869,944	80.87%	47,141,285,776
4	롯데GRS	롯데리아	19,265,680,668	43.52%	13,423,529,274
5	이랜드파크	애슐리	-13,042,395,296	적자지속	-18,567,855,117
6	농협목우촌	또래오래	2,388,904,185	-43.58%	4,234,412,263
7	비알코리아	던킨도너츠	40,507,512,902	-21.78%	51,789,190,475
8	교촌에프앤비	교촌치킨	17,697,273,857	16.81%	15,150,420,135
9	비케이알	버거킹	10,753,419,177	-11.41%	12,138,378,984
10	제너시스BBQ	BBQ	19,119,575,719	37.65%	13,889,867,948
11	청오디피케이	도미노피자	26,148,974,238	14.85%	22,763,349,909
12	해마로푸드서비스	맘스터치	17,257,002,377	93.95%	8,897,630,011
13	에스알에스코리아	KFC	-12,262,188,782	적자전환	2,519,865,023
14	더본코리아	새마을식당	19,762,485,462	80.08%	10,974,482,886
15	본아이에프	본죽	9,643,020,060	108.54%	4,624,133,933
16	이디야	이디야커피	15,785,054,983	-3.36%	16,333,174,813
17	지앤푸드	굽네치킨	14,074,334,840	150.02%	5,629,268,870
18	커피빈코리아	커피빈	6,415,508,347	63.97%	3,912,507,369
19	할리스에프앤비	할리스커피	12,733,558,418	85.71%	6,856,590,390
20	놀부	놀부부대찌개	4,471,311,917	71.67%	2,604,572,263
21	엠피그룹	미스터피자	-8,906,726,136	적자지속	-7,258,907,426
22	한솥	한솥도시락	7,537,969,650	-3.90%	7,844,235,483
23	탐앤탐스	탐앤탐스	2,361,398,129	-46.33%	4,399,702,445
24	아모제푸드	카페아모제	-691,750,183	적자지속	-514,452,289
25	카페베네	카페베네	-554,827,454	적자지속	-4,381,991,762
26	토다이코리아	토다이	1,890,163,061	-34.38%	2,880,632,811
27	원앤원	원할머니보쌈	1,906,415,161	28.04%	1,488,921,918
28	디딤	신마포갈매기	5,531,547,756	109.18%	2,644,406,000
29	엔티스	경복궁	3,495,529,796	6.93%	3,268,846,170
30	전한	강강술래	6,253,723,716	156.51%	2,438,038,325

	법인명	대표브랜드	당기순이익		
			2016년	증감률	2015년
1	파리크라상	파리바게뜨	55,101,759,875	6.56%	51,707,226,710
2	CJ푸드빌	빕스	5,213,030,763	흑자전환	-7,399,515,626
3	스타벅스코리아	스타벅스	65,250,646,249	130.68%	28,286,458,919
4	롯데GRS	롯데리아	-11,328,471,862	적자지속	-57,188,774,814
5	이랜드파크	애슐리	-80,415,701,255	적자전환	3,259,340,450
6	농협목우촌	또래오래	176,061,903	-96.06%	4,474,241,678
7	비알코리아	던킨도너츠	35,748,612,156	-17.04%	43,090,305,701
8	교촌에프앤비	교촌치킨	10,333,269,262	48.13%	6,975,624,101
9	비케이알	버거킹	8,041,478,568	-6.98%	8,644,484,103
10	제너시스BBQ	BBQ	5,622,355,657	-25.79%	7,575,978,570
11	청오디피케이	도미노피자	20,886,060,816	15.86%	18,027,199,494
12	해마로푸드서비스	맘스터치	9,295,865,326	52.53%	6,094,487,395
13	에스알에스코리아	KFC	-18,989,243,531	적자전환	1,239,410,933
14	더본코리아	새마을식당	19,246,938,573	176.53%	6,960,110,664
15	본아이에프	본죽	6,541,937,183	666.68%	853,282,435
16	이디야	이디야커피	11,157,627,325	-14.73%	13,085,209,896
17	지앤푸드	굽네치킨	9,051,485,230	98.68%	4,555,730,841
18	커피빈코리아	커피빈	4,274,213,864	68.04%	2,543,614,329
19	할리스에프앤비	할리스커피	9,112,688,828	97.97%	4,603,109,833
20	놀부	놀부부대찌개	34,729,365	흑자전환	-1,185,695,358
21	엠피그룹	미스터피자	-13,169,290,522	적자지속	-5,685,686,269
22	한솥	한솥도시락	5,937,412,411	-6.94%	6,379,860,772
23	탐앤탐스	탐앤탐스	-2,700,843,324	적자전환	1,006,075,983
24	아모제푸드	카페아모제	-2,894,719,809	적자지속	-2,831,863,842
25	카페베네	카페베네	-24,199,662,544	적자지속	-33,998,615,819
26	토다이코리아	토다이	-302,769,030	적자전환	60,192,423
27	원앤원	원할머니보쌈	1,050,809,166	-46.68%	1,970,922,444
28	디딤	신마포갈매기	3,882,856,783	206.73%	1,265,883,943
29	엔티스	경복궁	870,450,996	62.51%	535,619,685
30	전한	강강술래	4,044,752,337	204.26%	1,329,361,651

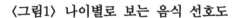

〈그림1〉 나이별로 보는 음식 선호도

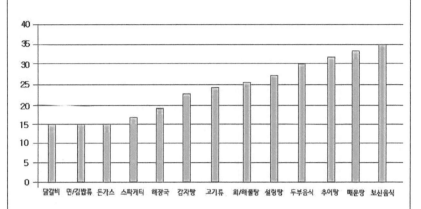

〈표 37〉 외식장소 선택기준

연도	식당 선택기준
1985년	가격, 맛, 위생
1990년	맛, 청결, 가격
1995년	맛(87.1%), 서비스(4.6%), 분위기(4.4%)
2000년	맛(77%), 서비스(37.4%), 분위기(32.7%)
2005년	맛(72.3%), 가격(15.5%), 양(4.4%)
2010년	맛(71.2%), 분위기(10.2%), 교통(8.4%)
2015년	맛(82.6%), 분위기(25.2%), 교통(21.3%)
2017년	맛(77.3%), 분위기(7.1%), 가까운 위치와 교통(6.8%)

〈표 38〉 상권별 특징

구분	특징
오피스	- 말, 저녁 공백. - 직장인 상권의 경우 짧은 이동을 선호하는 경향이 강하여 어디에 입지하는가가 중요함. - 따라서 오피스 이면 유동인구가 많은 곳이 상대적으로 유리. - 직장인을 목표시장으로 하는 만큼 규모를 크게 하고 현대화된 환경으로 창업하는 것이 유리.
역세권	- 영업시간이 상대적으로 길고 자영업자의 피로도가 큼. - 24시간 성황, 주말 유입인구가 크고 업종이 다양하며 유흥성향이 상대적으로 강한 상권 곱창전문점은 B급지에 입지하는 것이 적당,
대학가	- 찾아다니며 소비하는 성향이 강해 상권이 넓게 형성. 따라서 입지 선택의 여건이 상대적으로 양호.
주택가	- 평일 공백 - 가족단위 소비자를 유입할 수 있는 환경을 구축하는 것이 필요
전문 쇼핑가	- 업종별 군집형태로 상권 발달 - 쇼핑가 자영업자를 목표시장으로 전문상가 인근에 입지

〈표 39〉 보쌈전문점 최적의 상권입지

적합상권 유형		장·단점
제1후보지 주택가 진입로변상권	장점	보쌈전문점 주 수요층의 접근성이 좋은 대단위 주택가 진입로 변 1층 매장이 가장 적합하다.
	단점	주택가 상권의 경우 직장인 수가 적다. 점심 매출이 기대만큼 나오지 않을 수 있다.
제2후보지 아파트 주거지역	장점	거주밀집지역의 틈새상권도 좋다. 배달을 전문으로 하는 소규모 업체라면 적극 추천한다.
	단점	틈새 입지개발이 쉬운 일이 아닌 만큼 단골을 만들기 위한 노력이 필요하다.
제3후보지 역세권, 오피스밀집 상권	장점	직장인 유동인구가 많은 역세권이나 오피스밀집상권, 먹자상권은 어떤 아이템이 들어가도 반은 먹고 들어갈 수 있다.
	단점	보증금, 월세, 권리금이 높아 매출은 높으나 수익성이 떨어질 수 있다.

〈표 40〉 장어전문점의 최적 상권입지

제1후보지 사무실 밀집지역 및 도심 오피스상권 먹자골목		제2후보지 도심외곽 관광지 및 강변상권		제3후보지 주택가로 이어지는 대로변	
장점	단점	장점	단점	장점	단점
주택가 상권보다는 관공서 주변상권과 회식 수요가 있는 사무실 밀집지역이 적합하다. 30~50대 남성들의 분포가 많은 지역이라 장어의 수요가 많다.	직장인들을 대상으로 하는 저렴한 가격의 점심 메뉴를 개발해야 한다. 주5일 근무로 주말 매출이 저조할 수 있다.	장어 전문점은 보양식품이라는 인식이 크기 때문에 도심 한가운데보다 외곽지역에서 장어를 찾는 사람들이 많다. 임진강 일대, 고창 선운사 일대, 남양주 운길산역 일대가 장어타운이 형성된 이유다.	주말고객층과 평일 고객층의 편차가 크다는 점이다. 수도권 상권의 경우 평일 접근성이 높은 지역 선정이 중요하다.	장어전문점 특성상 주택가 진입로 대로변 매장이 관건이다. 눈에 띄는 입지가 목적 구매고객을 공략할 수 있다.	평일 낮 매출을 담보하기 어렵다. 주부들의 계모임이나 동네의 크고 작은 행사를 유치하는 등 매출 증대를 위한 전략을 세울 필요가 있다.

<표 41> 갈비 전문점의 최적의 상권입지

적합상권 유형	장·단점	
제1후보지 (대단위 아파트 상권 내 외식상권)	장점	갈비 전문점의 주 수요층이라고 할 수 있는 주부·가족단위고객을 공략하는 데는 1만 세대 이상이 거주하는 아파트상권이 적합하다
	단점	아파트상권의 경우 분양가 거품으로 인해 점포임대가가 높기 때문에 자칫 투자 수익률이 떨어질 수 있는 위험성이 있다.
제2후보지 (주택가상권 대로변 입지)	장점	갈비 전문점은 대형화 전문화 바람을 타고 있는 아이템이다. 가시성과 접근성이 좋은 주택가 상권 진입로 대로변을 추천한다. 대형매장을 공략한다면 지역의 랜드마크 역할을 하면서 안정 수익을 확보할 수 있다.
	단점	대형 매장의 경우 점포구입비와 점포 시설투자비가 높다. 초기투자 비용이 상당하므로 쉽사리 진행하기 어렵다.
제3후보지 (역세상권 내 먹자골목)	장점	지속적인 안정 수요층을 확보하는 데는 역세상권의 먹자골목도 나쁘지 않다.
	단점	먹자골독 내의 경쟁점포가 많기 때문에 자칫 먹자골목 경쟁우위를 점유하지 못한다면 상권 내 경쟁구도에서 밀려날 수 있는 위험성이 높다.

〈표 42〉 닭갈비 전문점, 대학가·먹자골목 최적의 상권 입지

적합상권 유형		장·단점
제1후보지 (지하철역 인근 먹자골목)	장점	지하철역 인근 먹자골목이나 중심상가 이면도로는 닭갈비 전문점의 최적 입지다. 내부가 들여다보이는 1층 매장이면 더욱 좋다. 우선 유동인구가 많고, 저녁모임이 많이 이루어지는 곳이라 소모임이나 회식수요가 많다.
	단점	주 영업시간이 밤이기 때문에 늦은 시간까지 영업을 해야 한다. 체력이 뒷받침되지 않으면 운영에 차질을 빚을 수 있다.
제2후보지 (대학가 주변)	장점	닭갈비에 대한 선호도가 가장 높은 계층이 모이는 지역이다. 맛과 서비스에 관리를 잘하면 단골손님 확보가 용이하다.
	단점	점포 구입단계에서 투자비용이 높다. 물건을 구하기도 쉽지 않다. 어설프게 접근하면 손해만 볼 확률이 높다.
제3후보지) (사무실주변 유동인구 많은 곳)	장점	직장인들의 모임 장소로 콘셉트를 잡는 게 중요하다. 점심메뉴를 개발해 점심영업을 기대 할 수 있다.
	단점	주말 매출을 기대하기 어렵다. 저녁 매출이 중요한 업종이지만, 퇴근시간대 매출이 생각만큼 나오지 않을 가능성도 있다.

관통도로와 교통량에 따른 매출

관통도로란 시 경계선에서 시내와 시외를 연결하는 주요 도로를 말한다. 적은 자본으로 음식 장사로 한몫 잡고 싶다면 이들 관통도로의 교통량을 분석하는 것이 좋다. 국내에는 도시 크기가 매우 크고 근처에 거대 위성 도시를 끼고 있어도 관통도로에 하루 20만대가 넘는 교통량을 보이는 지역이 없다. 그럼 관통 도로의 교통량이 대강 어느 정도이면 음식점의 장사가 잘되는 것일까?

교통량이 많이 발생하는 관통 도로에는 도로를 따라 여러 개의 핵심 상권이 자생하고 있다. 음식점을 이 핵심 상권에 입점시키는 것도 좋은 방법이지만 건물 임대료가 비싸다. 이럴 경우에는 교통량을 믿고 대로변에 음식점을 입점시키는 것도 생각해볼 만하다. 남태령 고개를 예로 들어보면, 남태령 고개는 경기도 과천과 서울 사당동을 연결하는 고개 이름이다. 이 고개를 따라 서울 방향으로 발전한 상권이 사당동 역세권이다. 그 밑으로는 방배동 상권이 있다. 예전에는 시계를 연결하는 단순한 도로에 불과했으나 서울 외곽에서 서울 시내로 출퇴근하는 사람들이 많아지면서 사당동은 대형 상권으로 발전하였다.

관통 도로와 같은 대로변에 음식점을 입점시킬 때는 하루 평균 5만 대 정도의 교통량이 발생하는 도로로 생각해볼 만하다. 5만 대 수준이면 대강 맛이 있거나 분위기가 있는 요식업소라면 매출이 일정 이상으로 발생한다.

그렇다면 교통량 계산은 어떻게 하나? 어떤 한 지점의 교통량은 일반적으로 출근이 시작되는 아침 7시를 전후로 해서 늘어나기 시작한 뒤 8시부터 9시 사이가 그날의 최고 피크 타임이 된다. 그런 뒤 교통량이 일정 수준으로 계속 유지되다가 오후 퇴근 시간이 되자 교통량이 다소 늘어났다가 새벽 1시면 현저하게 줄어든다는 공통점이 있다.

즉 아침 9시대에 피크를 이루고 점심을 전후로 약간씩 줄어들었다가 저녁 퇴근 시간대에 다시 피크를 이룬 뒤 새벽 1시까지 천천히 감소하다가 새벽 1시를 넘으면 현저하게 줄어든다. 이로 인해 아침 피크 시간대의 교통량과 교통량이 제일 적은 새벽 4시경의 교통량은 3배에서 5배 정도의 차이가 발생한다.

교통량 조사 방식

관통 도로에서의 교통량은 오전(07~09시), 점심(11~14시), 퇴근 시간(17~19시) 사이에 측정한다. 새벽 1시부터 아침 7시까지의 교통량은 피크 타임의 3분의 1로 계산한 후 평균을 잡으면 하루 교통량의 윤곽이 대강 잡힌다.

일반적으로 주거 지역에서는 21시~23시 사이에 교통량이 점차 줄어들지만, 심야 영업이 활발한 지역은 21시~23시경에 다소 교통량이 늘어나는 특징을 가지고 있다. 따라서 술집을 창업하려면 그 지역(먹자골목 등)의 밤 21시부터 23시까지의 교통량을 측정하는 것이 좋다. 만일 21시를 기준으로 시간당 교통량의 유입 유출 합계가 3천대 이상이라면 그 지역은 심야 상권이 활발한 지역이라고 볼 수 있다.(밤 9시부터 10시까지 3천대 이상의 유동량을 보이는 도로라면 그 도로는 교통 정체가 상당히 심한 도로라고 말할 수 있다.)

〈표 43〉 서울의 관통 도로 교통량

도로 명	교통량(대)
양재대로	약 13만
시흥대로	약 12만
하일동	약 10만
남태령	약 9만
통일로	약 9만
도봉로	약 7만 9천
망우리	약 7만 7천
복정 검문소	약 6만
서하남	약 6만
서오릉	약 4만

창업할 수 있는 외식업 종목

한정식 전문점/ 산채요리 전문점/나물요리 전문점/ 약선요리 전문점/ 궁중요리 전문점/ 사찰음식 진문점/ 한식당/ 한식배달 전문점/ 생선구이백반 전문점/ 연탄구이백반 전문점/ 우렁된장 전문점/ 대통밥 전문점/ 중화요리 전문점/ 중화요리 뷔페/ 테이크아웃 중화요리 전문점/ 중화요리 패밀리 레스토랑/ 기사식당/ 5,000원 기사식당/ 돼지김치찌개 전문 기사식당/ 해물탕 전문 기사식당/ 연탄구이 기사식당/ 일식집/ 활어횟집/ 장어 전문점/ 초밥 전문점/ 퓨전초밥 전문점/ 회전초밥 전문점/ 일본음식 전문점/ 보쌈 전문점/ 부대찌개 전문점/ 수제 부대찌개 전문점/ 빈대떡 전문점/ 족발 전문점/ 닭갈비 전문점/ 찜닭 전문점/ 바비큐 치킨 전문점/ 통닭 전문점/ 닭볶음탕 전문점/ 삼계탕 전문점/ 죽 전문점/ 덮밥 전문점/ 비빔밥 전문점/ 돌솥밥 전문점/ 가마솥밥 전문점/ 철판볶음밥 전문점

참치회 전문점/ 꽃게탕 전문점/ 해물탕 전문점/ 민물새우 전문점/ 낙지요리 전문점/ 랍스타 전문점/ 조개구이 전문점/ 꼬치구이 전문점/ 밴댕이요리 전문점/ 올갱이국 전문점/ 돼지갈비 전문점/ 삼겹살 전문점/ 생고기 전문점/ 연탄불고기 전문점/ 화로 숯불고기 전문점/ 한우 전문점/ 떡볶이 전문점/분식 전문점/ 만두 전문점/ 즉석김밥 전문점/ 카레요리 전문점/ 수제어묵 전문점/ 수제 햄버거 전문점/ 수제핫도그 전문점/ 호두과자 전문점/ 왕만두 전문점/ 멸치국수 전문점/ 잔치국수 전문점/ 회국수 전문점/ 막국수 전문점/ 우동 전문점/ 라면 전문점/ 칼국수 전문점/ 손칼국수 전문점/ 콩칼국수 전문점/ 바지락 칼국수 전문점/ 수제비 전문점/ 닭수제비 전문점/ 퓨전음식 전문점/ 일식돈가스 전문점/ 바비큐 전문점/ 샤브샤브 전문점/ 버섯요리 전문점/ 두부요리 전문점/ 두루치기 전문점/ 보리밥 전문점/ 쌈밥 전문점/ 떡갈비 한정식 전문점

추어탕 전문점/ 매운탕 전문점/ 동태탕 전문점/ 감자탕 전문점/ 영양탕 전문점/ 오리요리 전문점/ 설렁탕 전문점/ 해장국 전문점/ 뼈다귀 해장국 전문점/ 콩나물 해장국 전문점/ 소해장국 전문점/ 카페/ 락카페/ 북카페/ 룸카페/ 커피숍/ 룸커피숍/ 테이크아웃 커피 전문점/ 보드게임 카페/ 막걸리 전문점/ 연탄불 생선구이 주점/ 일본식 주점/ 퓨전 주점/ 연탄불 안주 주점/ 철판요리 주점/ 포차 주점/ 맥주 전문점/ 세계맥주 전문점/ 호프 전문점/ 소주방/ 단란주점/ 룸살롱/ 노래방/ 비즈니스 바/ 웨스턴 바/ 칵테일 바/ 마술쇼 바/ 모던 바/ 클럽/ 제과점/ 떡 전문점/ 피자 전문점/ 파스타 전문점/ 스파게티 전문점/ 이태리요리 전문점/ 프랑스요리 전문점/ 터키요리 전문점/ 베트남쌀국수 전문점/ 양꼬치 전문점/ 말고기 전문점/ 북한음식 전문점/ 외국음식 전문점/ 패스트푸드/ 패밀리 레스토랑/ 샐러드 레스토랑/ 해물 뷔페/ 고기 뷔페/ 가든형 음식점/ 반찬집/ 1만원 고기안주 주점/ 1만원 해산물안주 주점/ 무한리필 안주 주점/ 무한리필 음식 전문점/ 무한 토핑 주점

〈표 44〉 추정소요자금 계획

과목	금액	비고
1. 매출액	0	서비스매출 + 상품매출
1) 서비스	0	(서비스매출)
2) 상품매출	0	(상품 또는 음식 판매 매출)
2. 매출원가	0	상품의 원가
3. 매출이익	0	매출액 - 매출원가
4. 판매관리비	0	
1) 급료	0	직원급여, 사업자급여
2) 복리후생비	0	직원복리후생, 4대보험, 식대 등
3) 임차료	0	임차료
4) 수도광열비	0	전기세, 수도세, 가스 등
5) 통신료	0	전화, 인터넷, 휴대폰
6) 수수료	0	세무대행료, 신용카드 수수료, 정수기, POS 등
7) 소모품비	0	1회용품, 청소용품, 주방용품
8) 감가상각비	0	취득원가-잔존가치/내용연수
9) 광고비	0	전단지, 홍보비 등
10) 기타경비	0	
5. 영업이익	0	매출이익 - 판매관리비
6. 영업외 비용	0	
1) 지급이자	0	대출금은행이자
7. 영업외 수익	0	이자수익 등
8. 경상이익	0	영업이익 - 영업외비용 + 영업외수익
9. 세전순이익	0	경상이익 - 특별손실 + 특별이익
10. 세금	0	1년 부가가치세, 소득세/12개월
11. 순손익	0	세전순이익 - 순이익

매출액 추정과 투자 수익률 분석
매출액 추정 방법 1개월 동안의 수익 X 12개월 = 적정 권리금
월 매출액 통행인구수 X 내점률 X 1인구매단가(객단가) X 월간 영업일수

〈표 45〉 투자수익률 및 투자회수기간 판단 기준

사업성 판단기준	투자수익률	투자비회수기간
매우 우수	4.3% 이상	2년 이내 회수
우수	3~4.2%	2~3년 회수
보통	2.2~3%	3~4년 회수
불량	2.1% 미만	4년 이상 회수

〈표 46〉 입지 후보지 선정

1	업종(목적)분석	아이템의 소비시간, 소비수준, 소비층, 소비행동, 경쟁점, 보완점을 분석한다.
2	유사업종군집화	소비패턴과 소비특성 등이 유사한 업종을 군집화한다.
3	1차 지역선정	군집화된 업종의 환경 조사
4	적합도 분석	상권과 업종의 적합도와 경쟁점과 보완점을 조사한다.
5	2차 후보지선정	적합도가 높으며, 임대조건 등이 좋은 지역 선정
6	변화요인 분석	도시계획, 공급률 등을 조사하여 미래변화요인을 조사한다.
7	타당성 분석	추정손익, 투자대비, 수익률 등 사업타당성을 분석한다.
8	최종	최종 결정

〈표 47〉 환경 분석(3C 분석)

3c	분석 내용	전략 방향
Customer	- 상권 반경 1km 내 - 배후세대를 주택가로 두고 있는 2종 근린생활 상권 - 30~40대 매니아층, 가족 수요 상존 - 31,500세대, 88,700명(주택 80%)	양질의 제품 확보 정당한 가격 정책
Company	- 기능적 능력의 확보 - 공급자 확보 - 20년 이상 거주로 잠재 수요 확보	제품의 질 유지
Competitor	- 경쟁점포 7개소(곱창 6, 양구이 1) - A급 경쟁점포 1개 - 경쟁점 대비 차별화 요소 약함 - 기존 점포의 고객 충성도 높음	양심의 제품 공급과 마케팅으로 새로운 맛집으로 부상

〈표 48〉 사업 방향의 설정

구분	사업 방향 설정
목표고객	- 상권 내 30~40대 - 배후세대 가족 고객
핵심경쟁력	- 기술적 능력 - 양질의 제품에 대한 지속적인 제공능력
실행방안	- 독산동 내장 도매상과의 협업 - 블로그 운영 - 스토리텔링에 의한 고객충성도 고취
업종현황 및 전망	- 공급이 한정적이고 손질에 어려움이 있는 반면, 매니아층을 중심으로 수요가 꾸준하여 향후 전망 또한 안정적임.

〈표 49〉 시설계획

인테리어 컨셉	-젠 스타일 추구로 유행을 타지 않으면서 안정감 추구 -가족 고객을 위한 편안한 테이블 셋팅 -배연 시설에 중점			
시설 계획	-동선을 고려한 설계 -주방면적, 홀 면적, 테이블 수, 마감재 기재 철거, 목공, 전기, 조명, 마감 계획의 구체화 -간판 디자인			
시설 자금	품명	수량(m²)	3.3m² 당 단가	금액
	인테리어(홀)	66	800,000	16,000,000
	인테리어(주방)	19	400,000	2,000,000
	잡기 비품 등			5,000,000
	간판 외			2,000,000
	합계			25,000,000

〈표 50〉 구매계획

구매전략	-독산동 내장 소매상 2곳 이상 확보 -세금계산서 수취가 가능한 식자재 업체 확보 -결제조건, 반품 조건 등을 명확히 함. -집기 비품 구매 목록표 작성					
	구입품명	**구입처**	**거래조건**	**연락처**	**금액**	**비고**
식자재	곱창, 양깃머리 외					
	식자재					
	주류					
집기/비품	주방 용품					
	홀 용품					

〈표 51〉 판매계획

	메뉴명	수량(g)	단가	금액(일)	비고
판매계획	곱창	200	15,454	772,700	부가세 별도
	양깃머리	200	20,000	200,000	
	곱창모둠	200	13,636	272,720	
	염통	200	9,090	45,450	
	간, 천엽		4,545	22,725	
	주류		2,727	149,985	
	합계			1,463,580	

〈표 52〉 원가계획

	원부자재	소요량(일)	구입단가	금액	비고
매출원가	곱창	1보			
	양깃머리	2kg			
	막창	1보			

〈표 53〉 인력 및 인건비 계획

직책	인원	급여	총액	비고
실장(주방/홀)	2	1,600,000	3,200,000	
직원(홀)	2	1,400,000	2,800,000	
보조(주방)	1	800,000	800,000	
합계	5	3,800,000	6,800,000	

〈표 54〉 소요자금 및 조달계획

구분		내역	금액	산출근거
소요자금	시설자금	임차보증금	40,000,000	임대차계약서
		권리금	20,000,000	권리양도계약서
		인테리어비	20,000,000	견적서
		집기 비품	5,000,000	견적서
		소계	85,000,000	
	운영자금	운영자금	25,000,000	매출계획의 약 65%
		소계	25,000,000	
	합계		110,000,000	
조달계획	자기자금	현금/예금	70,000,000	통장
		소계	70,000,000	
	타인자금	은행대출	10,000,000	
		정책자금	30,000,000	창업자금
		소계	40,000,000	
	합계		110,000,000	

〈표 55〉 손익계획

과목	금액		산출근거
1.매출액		39,516,000	매출계획(27일영업일)
2.매출원가		15,806,000	(40%)
3.매출이익		23,710,000	
4.일반관리비		13,875,000	(가~자 합계액)
가.급료	6,800,000		인력계획 참조
나.임차료	5,060,000		
다.관리비	600,000		
라.수도광열비	400,000		
마.통신비	50,000		
바.복리후생비	250,000		
사.광고선전비	100,000		
아.잡비	200,000		
자.잠가상각비	415,000		
5.영업이익		9,835,000	
6.영업외비용		100,000	
가.지급이자	100,000		약 25%
7.영업외수익			
8.경상이익		9,735,000	

〈표 56〉 곱창이야기 수익성

구분	15평(49.5m)	30평(99.1m)
테이블수	일일 2회 기준 테이블수X테이블단가40,000 ▶360,000X2회 ▶720,000	일일 2회 기준 테이블수18X테이블단가40,000 ▶720,000X2회 ▶1,440,000
예상매출	일일 2회 기준 테이블수X테이블단가40,000 ▶360,000X2회 ▶720,000	일일 2회 기준 테이블수18X테이블단가40,000 ▶720,000X2회 ▶1,440,000
예상월매출	영업일30X일매출→ 21,600,000	영업일수30X일매출→43,200,000

〈표 57〉 곱창이야기 창업비용

구분	15평	30평	내용
월매출	21,600,000	43,200,000	
매출원가	8,610,000	17,280,000	원재료+식자재+주류+야채류
건물임대료	2,600,000	4,000,000	임대료/관리비
인건비	4,000,000	7,000,000	15평 주방1 홀2 4,000,000 30평 주방1 홀4 7,000,000
전기,가스 공과금	1,000,000	2,000,000	전기,수도,가스,공과금 등
잡비	500,000	1,000,000	기타 소모품 및 식대
소계	16,140,000	31,280,000	
영업이익	5,460,000	11,920,000	원매출-지출경비(소계)

〈표 58〉 한식당 창업비용의 예

구분	내용	20평	30평	40평	50평	60평	70평
가맹비	브랜드 사용권, 지역독점부여권, 조리교육, OPEN지원 3일	500	500	500	500	500	500
교육비	경영, 조리, 메뉴얼제공, 본사 노하우제공, 조리교육 3일	200	200	200	200	200	200
인테리어	목공사, 전기공사, 설비공사, 도장공사, 유리, 도배, 주방, 바닥 시공, 조명, 덕트 등 일체포함	3,000	4,500	6,000	7,500	9,000	10,500
주방기기	냉장고 및 냉동고, 간택기, 육수냉장고, 싱크대,찬 냉장고, 작업대, 밥솥, 컵소독기, 스텐선반, 홀싱크대, 상부선반, 초벌대	37	37	37	37	37	37
주방 및 홈집기	그릇 및 주방집기, 기물, 홀 집기, 앞치마, 전자레인지, 믹서기, 보온고 등	30	30	30	30	30	30
판촉 및 홍보	명함, 빌지패드, 라이터, 메뉴판, 전단지, OPEN현수막, 유니폼(홀, 주방), 오픈행사도우미 2명 외 등	250	250	250	250	250	250
본사지원품목	주류냉장고, 냉동고, 냉각기 및 주류비품 일체, 가스설비시공 (단, 도시가스 제외)						
창업자금지원	무이자, 무담보, 1,000만원부터 최고 5,000만원 까지 가능 (지역 상권, 평수에 따라 차이가 날 수 있음)						
합계		4,017	5,517	7,067	8,567	10,067	11,567

사업자등록증 발급을 위한 행정 절차	
권리금 산정방식	① 신규 위생교육 ② 보건증 발급 ③ 영업신고증 신청 ④ 사업자등록증 신청 ⑤ 보험 가입

〈표 59〉 일반음식점과 휴게음식점 비교

일반음식점	휴게음식점
음식물의 조리 및 판매와 더불어 음주행위가 허용되는 호프집, 한식, 경양식 등	음식물의 조리 및 판매는 가능하나 음주행위가 허용되지 않는 커피숍, 빵집 등

〈표 60〉 일반과세와 간이과세 비교

구분	일반과세사업자	간이과세사업자
매출액	연간매출액 4,800만원 이상	연간매출액 4,800만원 미만
납부세율	공급가액의 10% 부가가치세로 납부	업종별 부가세율을 고려한 세율부과(공급가액의 1.5~4%)
세액공제	매입세액 전액	매입세액의 15~40%
세금계산서	세금계산서 발행과 매입의 의무	세금계산서 발행 불가
예정고지 여부	예정신고기간에 대해 예정신고 또는 예정고지에 의한 징수 원칙	예정신고 및 예정고지 없음
비고		과세기간 매출액이 1,200만원 미만인 경우 부가가치세 면제

〈표 61〉 주요 소셜커머스 사이트 및 연락처

소셜커머스 업체	도메인	연락처
쿠팡	www.coupang.com	1577-7011
티켓몬스터	www.ticketmonster.co.kr	1544-6240
위메이크 프라이스	www.wemakeprice.com	1588-4763
그루폰코리아	www.groupon.kr	1661-0600
지금샵	www.g-old.co.kr	070-4077-4770
슈팡	www.soopang.co.kr	1600-2375
소셜비	www.sociabee.co.kr	1588-5908
달인쿠폰	www.dalincoupon.com	1666-9845

〈표 62〉 온라인마케팅의 하나인 소셜미디어 활용

	블로그	SNS	위키	UCC	마이크로 블로그
사용목적	정보공유	관계형성, 엔터테이먼트	정보공유, 협업에 의한 지식 창조	엔터테이먼트	관계형성, 정보공유
주체:대상	1:N	1:1 1:N	N:N	1:N	1:1 1:N
사용환경 — 채널 다양성	인터넷 의존적	인터넷환경, 이동통신환경	인터넷 의존적	인터넷 의존적	인터넷환경, 이동통신환경
사용환경 — 즉시성	사후기록, 인터넷 연결시에만 정보 공유	사후기록, 현재시점 기록, 인터넷/이동 통신 연결 시 정보공유	사후기록, 인터넷 연결시 창작/공유	사후제작, 인터넷 연결시 콘텐츠 공유	실시간 기록, 인터넷/이동 통신 연결 시 정보공유

〈표 63〉 연간 판매촉진 전략

월별	행사	이벤트 기준 및 판촉활동
1	시무식, 신년회, 설날, 대입합격축하회	POP부착, 새해선물(식사권, 할인권 등)을 연하장에 넣어 DM발송, 내점고객 선물 증정(복주머니, 복조리 등)
2	입춘, 봄방학, 졸업식, 환송회	졸업축하 이벤트, 발렌타인데이 특별 디너세트 판매(꽃, 샴페인증정, 초콜릿), 봄맞이 환경처리 실시, 현수막 부착, DM발송(리스트 입수), 정월대보름 오곡밥 축제
3	입학식, 환영회, 대학개강 파티	입학식, 환영회(행사유치를 위한 사전 홍보활동 및 선물제공), 화이트데이 이벤트 실시, 봄 샐러드 축제와 꽃씨제공
4	봄나들이, 한식, 식목일	신 메뉴 개발, DM, 각종 차량에 안내장 부착
5	어린이 날, 어버이 날, 스승의 날, 성년의 날	어린이날 특선메뉴 및 기념품 제공, 가정의 달 효도대잔치(카네이션, 기념사진 등), 독거 소년·소녀와 노인 초청 행사, 서비스 콘테스트 실시, 광고 등
6	각종 체육회, 현충일	국가 유공자 가족 초대회(할인행사)

월별	행사	이벤트 기준 및 판촉활동
7	여름보너스, 휴가, 초중고 방학	DM, 여름철 특선 메뉴 실시(빙수, 생과일 쥬스, 호프, 야외 바베큐파티 등), 삼복더위 축제
8	여름휴가, 초중고 개학	한여름 더위를 식힐 화채 개발 시식 및 각종 우대권 제공
9	대학개학, 초가을레저, 추석	도시락 개발, 행락철에 T/O
10	운동회, 대학축제, 결혼러시, 단풍놀이 행락객	가을미각축제, 과일축제, 송이축제, 전어축제, DM발송
11	학생의 날, 취직, 승진축하	찜요리 축제, 입시생을 위한 특선메뉴(건강식), 송년회 및 회식안내(DM)
12	송년회, 겨울방학, 겨울레저, 첫눈	크리스마스카드 및 연하장 발송(할인권), 점내 POP부착
기타	단골고객의 날 이벤트 개최, 생일 축하, 월 시식일 등	고객관리, 선물 또는 무료 식사권 제공

일일 매출 규모별 적정 관리 내역

(1) 하루 매상 40만원-창업 실패한 업소

한 달 총매출 : 40만원 x 30일 = 1,200만원

재료비(30%~35% 안팎) : 450만원 안팎

임대료&공과금&인건비(35%~40% 안팎) : 500만원 안팎

순이익률(22%~30%) : 250만원 ~ 350만원(사장이 주방이나 매장일을 하는 상태)

(2) 하루 매상 60만원-평균 성적을 거둔 업소

한 달 총매출 : 60만원 x 30일 = 1,800만원

재료비(30%~35% 안팎) : 600만원 안팎

임대료&공과금&인건비(35%~40% 안팎) : 700만원 안팎

순이익률(23%~32%) : 400만원 안팎(사장이 주방이나 매장일을 절반 정도 하는 상태)

(3) 하루 매상 150만원-대박 아닌 중박을 이룬 업소

한 달 총매출 : 150만원 x 30일 = 4,500만원

재료비(30%~35% 안팎) : 1,600만원 안팎

임대료 & 공과금 & 인건비(35%~40% 안팎) : 1,700만원 안팎

순이익률(25%~33%) : 1,200만원 안팎

(4) 하루 매상 30만원~40만원 일 경우-폐업 갈림길의 음식점

말 그대로 입에 풀칠하고 있는 상황에서 사업을 접지도 못하는 상황인 음식점을 말한다. 수입이 적기 때문에 사장이 직접 주방일을 할 수밖에 없다. 인건비 지출을 줄여야 하므로 종업원은 1~2인만 고용할 수 있는 상태다. 종업원 1인 고용 시 매장을 전부 담당하지 못하므로 사장 부인이 주방일도 거들고 매장일도 거드는 상황이 된다. 이렇게 되면 부부가 힘들어 지게 되고, 부인의 바가지 지수는 높아지며 이때쯤 되면 음식점 장사에 대해 체념하게 된다.

이런 점포는 십중팔구 1년 안에 문을 닫게 되거나, 코가 꿰인 상태로 어쩌지도 못하고 사업을 하는 상태가 지속된다.

하루 평균 매상 30만원 이하이면 이건 동네에서 관심조차 받지 못하는 음식점이란 뜻이고, 맛없는 집이거나 망해가는 음식점이라는 뜻이다. 다시 말해 동네 손님은 없고, 아주 소수의 단골손님과 우연히 걸려든 뜨내기손님을 받는 업소이다.

5천만원 이하 소자본 창업을 하면서 준비를 제대로 하지 않으면 이런 일이 쉽게 발생한다. 가장 큰 이유는 업종 선택이 잘못되어서이거나, 맛이 없어서이다. 이런 경우 1일 매상 폭의 변동이 매우 심한데 이것은 고객들에게 안 가도 되는 음식점으로 각인됐다는 뜻이다. 창업 15일이 지나도 하루 평균 매상이 30만 원 이하이면 바로 업종 변경을 해야 한다. 만일 밥집이었다면 술을 취급할 수 있는 업종으로 변경을 시도하면 매상을 더 올릴 수 있다.

(5) 하루 매상 60만원 일 경우-생활 유지형 음식점

하루 매상 60만원이라면 월수입이 400~500만원 정도이므로 집에 생활비를 가져갈 수 있고 음식점 경영 목적으로 자동차를 자유롭게 운용할 수 있는 상태이다. 자동차는 더 싼 식재료를 사러 다니는 용도로 사용한다. 우리 주변에서 볼 수 있는 평범한 음식점들보다는 좋은 실적이므로 일단 '맛' 은 어느 정도 인정받은 집이라고 할 수 있다.

일을 할 때 가끔 자기 일이 행복하다는 생각이 들기도 하고 불행하다는 생각이 들기도 한다. 부부는 일심동체로 사업을 키우기 위해 더 열심히 노력하는 상태가 된다. 건물 임대료에 따라 다르겠지만 종업원은 1~2명 정도 고용할 수 있고 부부 중 한 사람이 주방을 맡아 인건비 부담을 줄일 수 있다.

그런데 이 경우가 가장 위험하다. 당장 먹고사는 방법이 마련되어 있으므로 가끔 행복지수가 올라가기는 하는데, 유명 맛집이 아닌 한 음식점의 매상은 세월이 흐를수록 떨어지기 마련이다. 예를 들어 옆집에 더 근사한 음식점이 들어오면 바로 타격이 온다는 뜻이다. 하지만 기존 단골이 있으므로 바로 매상이 떨어지지는 않고 2~5년 세월이 흘러가면서 아주 서서히 매상이 떨어진다. 어느 날은 매상이 90만원인데 어느 날은 매상이 20만원이 되기도 한다.

(6) 하루 매상 100만원일 경우-돈을 모을 수 있는 음식점

월 900만원 안팎의 수익이 발생하므로 몸은 고생해도 행복지수는 날로 높아진다. 월 순이익 1천만원 수준을 넘기면 이젠 자신의 음식점이 성공하였다고 자부하고, 자기는 가만히 있는데도 돈이 굴러들어온다고 착각한다. 이 상태이면 주방장과 종업원을 여러 명 고용한 뒤 부부는 놀러 다닐 수도 있는 상태가 되지만 돈 버는데 재미가 붙어 꼭 매장에 붙어 있으려고 한다. 이 경우 월수입을 전부 쓰지 말고 생활비를 제외한 나머지는 반드시 저축해야 한다. 저축한 금액은 몇 년 뒤 매장을 확장하거나 직영점을 내는 데 활용할 수 있다. 직영점 3개 정도 내면 더 바쁘게 살겠지만 최소한 돈 걱정은 안 하고 살 수 있을 것이다. 또한 천천히 프랜차이즈 사업을 시도할 수도 있다.

(7) 하루 매상 150만원일 경우-흔히 말하는 중박 음식점

하루 매상이 150만원인 점포는 흔히 말하는 중박 이상의 성공한 음식점들이다.

유명 햄버거 프랜차이즈 중에서 입지 조건이 나쁜 지방에 있는 점포인 경우 일매 110만원 정도를 찍는다. 대도시에서

지명도 낮은 지역에 있는 유명 햄버거 체인점들이 일매 130만원~180만원을 찍는다. 그리고 재래시장에서 볼 수 있는 시장 빵집 중 항상 손님이 바글바글대는 빵집이 일매 170만원을 찍는다.

30평 규모의 유명 한식 프랜차이즈 중에서 장사가 잘되는 점포가 일매 150만원 찍고, 장사가 잘되는 주점, 호프집, 고깃집, 일식집, 분식집이 일매 150만원을 찍는다.

(8) 하루 매상 200만 원-흔히 말하는 초대박 음식점

하루 매상 200만 원이면 객단가 7천 원 기준 1일 300인분을 판매하는 초대박 음식점이다. 월 1천 500만원~2천만원의 순수익이 발생한다. 물론 고기를 박리다매하는 주점이라면 이익률이 더 낮아질 것이다. 하루 200만 원 매출이 발생한다면 더할 나위 없이 좋은 시나리오이고 프랜차이즈 사업을 시도해도 성공할 확률이 높다. 또한 매출이 조금 떨어질 무렵이면 장사에 싫증날 수도 있는데 이때 권리금을 많이 받고 바로 팔아 버릴 수도 있다.

그런데 하루 매상 200만원 찍으려면 단골과 유동 인구가 중요하다. A급 상권에 입점한 유명 패스트푸드점, 외식업 체인점이 일매 200만원 이상 찍는다. A급 상권에서 장사가 잘 되는 고깃집, 한정식, 횟집, 주점, 퓨전음식점, 유명 한식체인점, 일식집, 분식집이 일매 200만원 이상 찍는다. A급 상권에 있는 퓨전포차도 히트치면 일매 200만원 이상 찍는다.

(9) 하루 매상 300만원 이상-맛집이거나, 유동 인구가 많거나, 매장 크기가 큰 음식점

유동 인구가 많은 오피스 밀집 지역은 20평 크기의 분식점도 장사를 잘하면 일매 300만 원 이상 찍기도 한다. 또한 지방의 전통적인 맛집이거나, 점포 크기가 상대적으로 큰 경우다. 객단가가 높은 음식점이거나, 부촌에서 장사가 잘되는 음식점이 이에 속한다.

A급 상권이거나 강남 부촌 등에서 장사가 잘되는 고깃집, 주점 등이 일매 300만원 이상 찍고, A급 상권으로 비즈니스 밀집 지역에서 장사가 잘되는 20평 크기의 분식점이 일매 300만 원 이상 찍는다. 대형 아파트단지에서 맛으로 유명한 개인 빵집도 일매 300만원 이상 찍는다.

갈비 숯불구이집이 부촌에서 초히트치면 일매 1,000만원을 찍는다. 바닷가의 유명 횟집이라면 일매 400만원 이상 찍는다. 더 유명하고 드라이브족이 많이 찾는 횟집이라면 일매 700만원을 찍기도 한다. 도시 외곽에 새로 음식점을 세웠는데 맛집으로 유명세를 타면서 손님들이 몰려온다면 일매 300만원 이상 찍고 업종에 따라 일매 500만원 찍는 집과 일매 700만원을 찍기도 한다.

(10) 하루 매상 1천만 원-기업형 음식점

유동 인구가 많은 곳에 위치한 유명 패밀리 레스토랑 가맹점들은 보통 일매 1천만원 이상을 찍는다. 유명 프랜차이즈의 본점은 대부분 대형이다. 이들 중 장사를 잘하는 본점들이 보통 일매 400만원, 500만원을 찍고, 일매 1천만 원 이상 찍는 본점도 있다. 보통 고깃집, 쌈밥집, 보쌈집, 오리요릿집처럼 객단가가 높은 업체들의 본점이 가능하다.

〈표 64〉 한식 갈비집의 초기 창업비용

품목	내용	금액
가맹비	·상표사용권 부여 및 지역 독점영업권 보장	·400만원 ※전략지역 할인이벤트 확인
교육비	·가맹점 운영 교육 및 매뉴얼 제공, 노하우 전수	600만원
물품 보증금	·본사 공급 원부자재에 대한 예치금(가맹계약 해지 시 반환)	~~400만원~~ → 200만원 ※200만원 할인행사
점포개발비	·나이스비즈맵과 SK텔레콤 상권분석 시스템	~~100만원~~ → 0원 ※100만원 할인행사
인테리어	·설계 및 3D 디자인/바닥타일 공사 ·목공사(자재/인건비/유리·금속 공사 ·전기, 조명공사/도장, 필름공사/사인물 일체	4200만원 ※33m² 당 140만원
홀/주방기물	·2인/4인 테이블, 단체석 일체 등	1500만원
간판	·외부 전면 잔넬 텍스트 간판 (4M) ·돌출 간판 및 사이드 간판	450만원
기기설비	·로스터(착화식), 삼중불판 ·냉장/냉동고, 간데기 etc, 육류냉장고 등 ·샐러드바, 아이스크림케이스, 식혜, 커피머신	2250만원
홍보/오픈지원	·웹카메라 1대/음향기기SET/홍보물 및 조형물 일체	50만원

〈표 65〉 외식업 초기 창업비용(단위 : 만 원)

구분	99.17m²	132.23m²	165.28m²	198.34m²	세부내역	비고
가맹비	800	800	800	800	상호·상표사용(브랜드가치) 등	소멸
교육비	200	200	200	200	메뉴·운영·서비스·식자재 교육	체류비 등 점주부담
인테리어	3900	5200	6500	7800	목공사, 설비, 방수공사, 천정, 전기 등	평당 130만 원
간판	500	600	700	750	전면LED간판, 돌출간판 등	그 외 별도
닥트	550	700	850	1000	외부 2층 기본, 내부 및 주방 닥트	3층 이상 별도
테이블·의자	400	520	640	760	홀 의·탁자	
테이블렌지	270	350	430	510	2구렌지	
주방기기·홀집기	2100	2700	3300	3900	식기세척기, 주방기기 등	주물불판은 본사 무료 대여
인쇄·홍보·소품	200	250	300	400	이벤트, 전단지, 추억의 소품 일체	
합계	8920	1억1320	1억3720	1억6120		

참고문헌

강동완, "도미노 올스타팩, 제일 잘나가는 도미노 베스트메뉴 모았다.", 머니위크, 2014.05.02.,

_____, "놀부부대찌개, 국내 500호점 돌파", 머니위크, 2015.5.21.

강병남. 박정리. 안종철. 안병찬. 이윤희. 이진. 정수식. 황영종(2014), 「외식산업 실무론」, (서울: 지구문화사).

강필주, " '할랄 인증' 네네치킨, 싱가포르 매장 매출 대폭 신장", 오센뉴스, 2015.03.21.

교육과학기술부(2015), "학교급식 현황, 급식 예산규모와 운영비 세부 비용예산, 연도별 급식예산 및 보호자 부담비율"

권지예, "아워홈, 국내 단체급식 '할랄 인증' 최초 획득", 뉴데일리경제, 2015-06-30

김동진. 김영길. 남장현. 류기상. 배현주. 심순철. 윤혜원. 전민선. 전혜진. 한동철. 홍완수. 황조혜(2013),『외식경영론』, (서울: 이프레스).

김상우, "단체급식 2015 상반기 결산", 식품외식경제, 2015.07.31.

김설아, "패밀리 레스토랑의 몰락, 질릴 법도 하지", 머니위크, 2015.03.19.

김아람, "그 많던 '아웃백' 어디로 갔나, 패밀리 레스토랑 쇠락하는 이유 4가지", 허밍턴포스트, 2015.02.26.

김재훈, "교촌에프앤비 교촌치킨 '2015 프리미엄 브랜드지수' 1위 수상", 컨슈머타임스, 2015.07.23.

김현철, "CJ프레시웨이 '구내식당에서도 식객처럼 드세요'", 아주경제, 2015.03.06.,

_____, "스타벅스, 여름 별 주제로 한 19가지 머그·텀블러·머들러·코스터 등 출시", 아주경제, 2015.07.29.

농림축산식품부, "외식산업 성장 추이", 2017.08.

뉴스와이어, "버거킹, 2015 한국산업의 서비스품질지수 고객접점부문 패스트푸드점 1위 선정", 2015.07.31.

대한상공회의소(2013), "KORCHAM BIZ의 재무정보"

대한영양사협회(2015), "전문영양사 배출 현황, 영양사의 분야별 배치현황 http://www.dietitian.or.kr/

민경종, "뚜레쥬르·투썸플레이스의 2015 빙수시장 공략 兵器는?", 조세일보, 2015.04.22.

박효주, "'삼시세끼처럼' 호텔업계까지 번진 한식 열풍", 브릿지경제, 2015.04.05.

보건복지가족부(2015), "전문영양사 면허소지자 현황", 운영지원과.

세계일보, "'국민 간식' 피자 주문도 이제 '엄지족' 이 대세", 2015.07.31.

식품의약품안전청(2015), "2014년도 식품의 약품통계연보", 제16
　　호.

신지훈, "2014년 외식업계 '4强 3中 3弱' 형국 Ⅲ", 월간식당,
　　2015.02.10.

연합뉴스, "피자 주문도 모바일로 도미노 피자 모바일 주문", 연합
　　뉴스, 2015.07.30.

연혜원, "이디야, 커피전문점 매출순위 5위 입성", 더벨, 2015.04.20.

월간식당, "2014년 외식업계 '4强 3中 3弱' 형국", 2015.02.10.

유진우, " '사과맛 나는 감자칩? 바나나맛 치킨?' 식·음료업계 과일
　　맛 제품 봇물", 조선비즈, 2015.07.16.

이가람, "신조어 탐구사전 '한식의 재해석' 언제까지 이어지나",
　　세계일보, 2015.06.08.

이성희, "2015 커피시장 트렌드 3S로 통하다", 디트뉴스24, 2015.04.06.

이은정, "놀부, 10년만에 CI교체 글로벌 외식기업 이미지 강화", 아
　　시아경제, 2015.01.12.

이지성, "기업이 뗀다. MPK", 서울경제, 2015.08.05.

이초희, "커피전문점, 더울 때 효녀나온다, 여름 대박 메뉴戰", 아시
　　아경제, 2015.07.10.

통계청 (2015), "가계동향조사, 도소매업조사".

황해원, "외식업 마케팅 변천사 30년", 월간식당, 2017.03, 112-121.

Data Monitor(2008), The home of business information. Data
monitor, January. Reference Code : 0199-2333, 13-19.

ITDAILY, "카페베네, 미니빙수 및 뉴컨셉 매장으로 하반기 영업이익
100억 이상 예상", 2015.06.18.

MK뉴스, "카페베네, 트렌드 앞서가는 메뉴 개발·기발한 마케팅으로
국내외 여름 빙수 시장에서 돋보여", 2015.05.28.

NRA(2013), Restaurant Industry Facts. http://www.restaurant.org

한눈에 읽는 외식창업 성공 이야기 [시리즈 2]

한국 외식 산업 발전사

발 행 일 : 2018年 6月 1日

저 자 : 김 병 욱

발 행 처 : 킴스정보전략연구소

홈 페 이 지 : http://www.kimsinfo.co.kr

주 소 : 서울시 강동구 성내로8길 9-19(성내동
550-6) 유봉빌딩 301호(☎ 482-6374～5,
FAX : 482-6376)

출판등록번호 : 제17-310호(등록일: 2001.12.26.)

인 쇄 : 으 뜸 사

I S B N : 979-11-7012-141-1

※ 당 연구소에서 발간하는 도서구입, 도서발행, 연구위탁, 강의, 내용질의,
컨설팅, 자문 등에 대한 문의 ☎(02)482-6374.